Sue Middle

SEGUIMOS ADELANTE

SEGUIMOS ADELANTE

BY

E. L. DEAN B.A.

FORMERLY HEAD OF THE MODERN LANGUAGES DEPARTMENT
DOWNER GRAMMAR SCHOOL, MIDDLESEX

AND

M. C. M. ROBERTS M.A.

FORMERLY HEAD OF THE MODERN LANGUAGES DEPARTMENT
HAZELWICK SCHOOL, CRAWLEY

ILLUSTRATED BY

J. S. GOODALL R.I. R.B.A.

HARRAP LONDON

First published in Great Britain 1957
by George G. Harrap & Co. Ltd
182 High Holborn, London WC1V 7AX

Reprinted: 1959; 1961; 1963; 1964; 1966; 1967; 1968; 1970; 1971; 1974; 1975; 1977; 1978; 1980

ISBN 0 245 52930 6

Printed in Great Britain by offset lithography by Billing & Sons Limited, Guildford and London

PREFACE

This book, a sequel to *Nos ponemos en camino*, is intended primarily for the second year of a three-year course, but it contains plenty of material for those fortunate enough to have a longer period available. In response to many requests from practising teachers of Spanish, the authors have tried to cover in this second volume most of the remaining basic grammar needed for Ordinary Level examinations, leaving the *Comprehensive Spanish Course*, already published, for consolidation, vocabulary extension and examination preparation in the third year.

Every care has been taken to ensure the accurate presentation of grammatical rules and to indicate the trends of modern usage among educated speakers of Spanish. Confusing points, however, such as the subtler variations in the use of the preterite and perfect tenses, have purposely been omitted.

As in the previous volume, the authors have made a real effort to present in the text and where possible in the exercises an authentic and lively Spanish background. In addition, it is hoped that the photographs, nearly all of which illustrate the text, will help to build up a picture of how Spanish people really live.

The exercises, again based mainly on the text, or subjects arising out of it, are arranged for convenience in three sections: A, exercises providing drill on the grammar of the lesson; B, material for oral work, conversation and free composition; and C, translation into Spanish and revision exercises.

Our very real gratitude is once again due to Don Juan Diego Campoy Coronado, who has continued to give untiring help, correcting the text and supplying invaluable information on many subjects.

We are also most grateful for the helpful interest shown by Señorita Elena Hernández Bravo, Spanish Assistant of Enfield County School, and to Señorita María Ángeles Alvargonzález and Mr L. C. Staples for providing two of the photographs. Acknowledgments are also due to Doña María Coronado de Campoy, Doña Pepita Elícegui de Gangutia, Doña Isabel de Zulueta de Masiá, and Don Adolfo Álvarez for giving us useful information, to Don José Ugidos for allowing the publication of the *Jota* and to Eileen Carter and Susan Waldock of Enfield County School for their help in the compilation of vocabularies.

It would not be fitting to close without a tribute to the late Marquesa de Jaureguizar, whose generous hospitality enabled us both to know something of Navarra and whose amusing anecdotes inspired at least one of the episodes in this Course.

E. L. D.
M. C. M. R.

ACKNOWLEDGMENTS

Thanks are due to the following for their kind permission to publish copyright material: Unión Musical Española, S.A., for *En lo alto de aquella montaña* (from *Pueblo, Canciones populares* I); Sr. Angel Lacalle for the modernized version of *Romance del Conde Arnaldos* (from *El libro de las Narraciones*, Editorial Bosch, Barcelona).

The publishers of this book regret that although every effort has been made, they have been unable to get in touch with the representatives of Antonio Machado. They are anxious nevertheless to include examples of his work, and two of his poems have been included.

CONTENTS

PLATES

NOTE

In this book the revised rules of accentuation issued by the Spanish Academy in 1952 have been observed, as modified by the Nuevas Normas of 1959.

LECCIÓN PRIMERA

EN LA PELUQUERÍA DE CABALLEROS

Son las nueve y media de la mañana de un día de septiembre y empieza ya a hacer calor en Castillohermoso. En la acera izquierda de cierta calle de esta ciudad de Levante, hay una zapatería y una tienda de mercería y confecciones donde venden guantes, medias, pañuelos, telas y también blusas, faldas y vestidos hechos. Al lado de esta tienda hay un letrero que dice:

MONUMENTAL

Peluquería de caballeros

La puerta debajo del letrero está abierta y dentro de la peluquería, sentados delante de tres espejos, hay tres caballeros con la cara cubierta de jabón. Tres peluqueros están muy ocupados afeitando a sus clientes, pero uno de ellos se detiene un momento para decir:

— ¿Conque usted no ha salido fuera este verano? Pues, nosotros, sí; hemos estado tres semanas en Alicante.

— ¡Ah! ¡Br-r-r! — dice su cliente.

— ¡Sí, sí, ya lo sé! Usted conoce Biarritz, ¿verdad? ¿Y Niza también ¿no?

El señor dice que sí con la cabeza.

— Así que Alicante le parecerá una playa algo aburrida, pero le aseguro que no es así, ¡che! Dicen que es la playa de Madrid, pero en la Explanada por la tarde, parece que es la playa de Europa y de los Estados Unidos.

—¡M-m-m! — responde el señor.

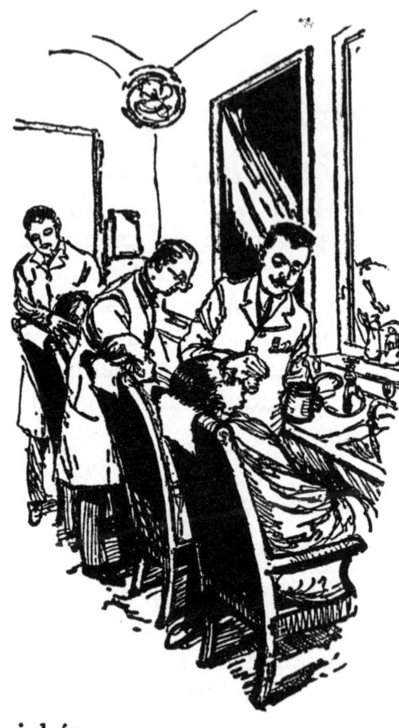

— ¡Ah, sí! Como usted conoce playas más importantes, dirá que eso es una tontería; sin embargo es verdad, pues he visto allí a franceses, ingleses, yanquis y otros muchos, paseándose y tomando horchata. ¡Sí, señor! Y allí hay todas las distracciones de las playas de moda, paseos en barco, bailes en los cafés, cine al aire libre —

— ¡Br-r-r! — dice el señor, levantando las manos a la cabeza.

— ¡Che! ¡No se mueva usted, señor, o le cortaré la mejilla!

— ¡Psch! He tragado jabón.

— ¿Ah? Pues no abra usted la boca. ¡Ciérrela bien! No hable usted. Le hablaré yo. Tengo que convencerle de que Alicante no es un sitio tranquilo, sino una ciudad de moda —

— ¡Caramba! — exclama por fin el señor, tragando más jabón —, y yo tengo que convencerle a usted de que semejantes ciudades de moda son las que menos me gustan. No me hable usted más de tales playas; prefiero un sitio tranquilo sin gente tan habladora.

El pobre peluquero se calla entonces y termina de afeitarle rápidamente. Cuando le ha quitado el jabón de la cara, otro señor, que está esperando su turno, se acerca a él y le dice:

— ¡Vaya! ¡Si es el amigo Jiménez! ¡Buenos días!

— ¡Buenos días, Lloret! ¿Cómo está usted?

— Bien, ¿y usted? No viene usted muchas veces por aquí ¿verdad?

— No, pero esta mañana acabo de regresar de Madrid donde he estado de negocios y he venido a la peluquería directamente desde la estación.

— ¿Y ahora va a la oficina? ¡Anda! ¡Qué trabajador!

— Ya lo creo. Tengo que marcharme en seguida, pero ya nos veremos. El viernes habrá música en el castillo; ¿estarán ustedes allí?

— Creo que sí. ¡Hasta la vista, pues!

— Hasta la vista, Lloret.

Y despidiéndose del peluquero hablador, el señor Jiménez paga el servicio y sale corriendo.

NOTES

Levante: the Mediterranean coastal region of Spain, including the provinces of Castellón, Valencia, Alicante and Murcia.

Monumental: a trade name.

Niza: Nice.

la Explanada (de España): the promenade or sea-front at Alicante.

horchata: a drink made from **chufas** (earth-nuts), which has a milky consistency and is sometimes iced.

VOCABULARY

el barco, boat
la blusa, blouse
el cliente, customer, client
las distracciones, amusements
los Estados Unidos, the United States
Europa, Europe
la falda, skirt
el guante, glove
el jabón, soap
el letrero, sign-board
la mejilla, cheek

la moda, fashion; **de moda,** fashionable
la navaja, razor
los negocios, business; **de negocios,** on business
la peluquería, barber's, hairdresser's (establishment)
el peluquero, barber, hairdresser
la playa, seaside resort, beach
el servicio, service, attention
el sitio, place
la tela, material
la tienda de mercería y confecciones, draper's shop (**la mercería,** haberdashery; **las confecciones,** ready-made clothes)
la tontería, nonsense
el turno, turn
el yanqui, Yankee
la zapatería, shoe shop

acabar, to finish; **acabar de** (+*inf.*), to have just (+*verb*) (*see Grammar*)
afeitar, to shave
asegurar, to assure
callarse, to be silent, to stop talking
cerrar (ie), to close
convencer, to convince
creer, to think, to believe
detener(se), to stop
responder, to reply
tragar, to swallow

aburrido, -a, boring
¡Anda! Whatever next?
¡Caramba! Good heavens!
¡Che! Eh! Believe me! (an exclamation often heard in the Levante region)
cierto, certain
conque, (and) so
dentro de, inside, within
directamente, straight, directly
fuera, away, out(side)
hablador, -a, talkative
hecho, ready-made
menos, (*here*) least
rápidamente, quickly
semejante, of that sort, similar
sin embargo, however
sino, but (*see Grammar*)
tal (*pl.* **tales**), such
trabajador, -a, hard-working
¡Vaya! Well, well!

USEFUL EXPRESSIONS

creer que sí, to think so
creer que no, to think not
¡Ya lo creo! I should think so!
decir que sí con la cabeza, to nod (in assent)
decir que no con la cabeza, to shake one's head

QUESTIONS

1. ¿En qué mes estamos al empezar la lección?
2. ¿Cuándo ha empezado su trimestre de usted?
3. ¿Qué venden en una mercería?
4. ¿Qué leemos en el letrero?
5. ¿Cómo están las caras de los tres caballeros?
6. ¿Quiénes trabajan allí, y qué hacen?
7. ¿Dónde están los espejos?
8. ¿Cuántas semanas de vacaciones ha tenido el peluquero?
9. ¿Dónde está Alicante?
10. ¿Por qué no puede contestar el cliente?
11. ¿A qué nacionalidades ha visto el peluquero en la playa?
12. ¿Qué distracciones hay en Alicante?
13. ¿Por qué no tiene que moverse el cliente?
14. ¿Qué sitios le gustan más al señor?
15. ¿Por qué no le gusta el peluquero?
16. ¿De dónde viene el señor Jiménez?
17. ¿Por qué llama su amigo al señor Jiménez «trabajador»?
18. ¿Cómo se despiden?
19. ¿Cuándo se verán otra vez?
20. ¿Qué hace el señor Jiménez antes de salir?

GRAMMAR

A. General Revision of Grammar used in *Nos ponemos en camino.* (*See Appendix I, page* 243.)

B. Remember the construction with **gustar:** 'I like it' = 'It pleases me.'

No me gustan las ciudades de moda. I don't like fashionable towns (*i.e.*, they don't please me).

C. **Salir corriendo,** *to run out*

Similarly: **subir corriendo,** 'to run up(stairs)'; **bajar corriendo,** 'to run down(stairs),' etc.

D. **Acabar de,** *to have just done something*

Acabo de llegar. I have just arrived.

Notice that it is the present of **acabar** that is used, although we use a perfect in English.

E. In expressions such as 'not this, but that,' **sino** is used instead of **pero** for 'but.'

No es una ciudad de moda, sino un sitio tranquilo. It is not a fashionable town, but a quiet place.

F. **Lo** is used instead of **el** or **la** when an adjective is used as a noun, *e.g.*, **lo contrario, por lo visto.**

This does not apply where the adjective stands instead of a noun previously used:

el libro negro y el azul, the black book and the blue one.

G. **Un, una, unos, unas** must never be used with **otro, cierto, tal, semejante.**

Otro hombre, another man; **tal cosa,** such a thing; **cierta ciudad,** a certain town; **semejante playa,** such a beach.

H. When a proper noun is preceded by a title or an adjective, the definite article is necessary, *e.g.*, **el señor Jiménez; la pobre Teresa.**

EJERCICIOS

A

I. Conjuguen ustedes:

1. He salido fuera este año.
2. Iré otra vez a la playa.
3. Estoy sentado delante del espejo.
4. Acabo de afeitarme.
5. Me estoy divirtiendo.
6. Estoy despidiéndome.
7. Saldré mañana por la mañana.

II. Cambien ustedes los verbos a la persona correspondiente del presente:

1. Yo (empezar) a tener calor.
2. El caballero (sentarse) delante del espejo.
3. El peluquero (detenerse) un momento.
4. Nosotras (preferir) cierta playa tranquila.
5. El perro (mover) la cola.
6. ¿No (cerrar) usted la puerta?
7. El amigo (decir) — Buenos días.
8. Yo (conocer) Biarritz, pero él no lo (conocer).
9. El peluquero le (cortar) la mejilla.
10. Al señor no le (gustar) tales playas.

III. Cambien ustedes el verbo al perfecto:

1. Empezamos las vacaciones.
2. Hace calor en la playa.
3. Otro cliente abre la puerta.
4. Nos sentamos aquí.
5. Os detenéis delante de la peluquería.
6. Digo que no.
7. Este señor es peluquero.
8. Nos despedimos temprano.
9. Desde el hotel vemos el mar.
10. La señora está enferma.

IV. Cambien los verbos al futuro:

1. La puerta está cerrada.
2. Cierto señor se detiene delante del espejo.
3. Salimos el jueves por la tarde.
4. ¿Qué decís a vuestra madre?
5. Usted conoce Madrid, ¿verdad?
6. Nos paseamos en la playa.
7. El tío hace dibujos semejantes.
8. Tienes que trabajar mucho.
9. Venís muchas veces por aquí.
10. Van a la oficina.

V. Sustituyan ustedes los nombres por pronombres:

1. El señor traga el jabón.
2. El cliente da el dinero al peluquero.
3. El señor Lloret se despide de sus amigos.
4. El viernes hay música.
5. La madre ha hablado al niño.
6. Me da los guantes.
7. Dé usted el pañuelo a la señora.
8. No hable usted tanto a los clientes.
9. He visto a tu amiga.
10. ¿Os ha enseñado la carta?

B

VI. Contesten ustedes a estas preguntas:

¿Cuántas semanas de vacaciones han tenido ustedes? ¿En qué día ha empezado el trimestre? ¿Qué tiempo ha hecho esta semana? ¿Qué película dan en el cine esta semana? ¿Irá usted a verla? ¿Le gustan las películas policíacas? ¿Tiene usted televisión en casa? ¿Qué programas le gustan más? ¿Prefiere usted el cine o la televisión? ¿Hace usted sus deberes escuchando la radio? ¿A qué hora empieza usted a hacerlos? ¿A qué hora los acaba usted? ¿Tienen ustedes muchos deberes? ¿Han tenido tantos deberes el año pasado? ¿Tendrán más el año que viene? ¿Qué piensa usted de los deberes? ¿Son necesarios o no?

VII. *Redacción*

(*a*) Escriba usted una conversación entre el peluquero y un cliente en una peluquería de caballeros.

(*b*) Visita a un café. Conversación con el camarero y los amigos.

VIII. (*a*) ¿Qué hace: un peluquero? un vendedor? un camarero? un limpiabotas? un alumno?

(*b*) ¿Qué es: una zapatería? una mercería? un castillo? un café? una oficina?

(*c*) Digan ustedes lo contrario de: hablar; salir; abrir; sentado; dentro; también; tranquilo; marcharse.

IX. Traduzcan ustedes al español:

Mr Black has just arrived in the town. When he goes out of the station, he wants to take a taxi. There are two waiting[1]; it is not the black one but the blue one that he takes. He gives the address to the driver and sits down. The driver begins to talk. He goes on talking. Mr Black begins to wonder when he will stop. Of course, he is so busy talking that he doesn't remember the address. "No!" exclaims Mr Black, "not this street, but that one!" The driver turns round, but goes on talking. "Be quiet!" says Mr Black. "It's not this house, but that one!" I do not need to tell you that the driver has had to go away without his tip.

[1] Say 'which are waiting.'

CHISTE: EN EL CONCIERTO

Durante el descanso, un señor dice a su amigo, que no sabe mucho de música:

— ¿Le gusta Weber?

— No — contesta el amigo —, yo soy abstemio.

el concierto, concert
el descanso, interval (at theatre, etc.)
abstemio, -a, not given to drinking, *i.e.*, a teetotaler

Note: Remember that **w** in Spanish is pronounced like **b** and v.

LECCIÓN SEGUNDA

LA VACA EN EL ESTANCO

El día después de la visita del señor Jiménez a la peluquería, la señora de Jiménez, doña María Carrasco, y su hija Teresa, salieron de casa después de desayunar y se dirigieron hacia las tiendas. Pronto doña María se paró delante del escaparate de una tienda de ultramarinos y preguntó a su hija:

— ¿Compraste galletas ayer cuando salisteis tú e Isabel?

— Sí, mamá, compré un paquete, pero cuando volví a casa, lo di a José para su merienda del campo con los amigos, ¿no te acuerdas?

— Es verdad, ya me acuerdo. Y las otras cosas que comprasteis, ¿las disteis a Carmelita?

— Sí, mamá, se las dimos todas y ella las guardó.

— Bueno — contestó doña María —, compraré más galletas aquí.

Entraron las dos en la tienda y doña María compró dos paquetes de galletas, un cuarto de kilo de mantequilla, dos kilos de harina, un litro de aceite, cien gramos de aceitunas, un tarro de mermelada y medio kilo de jamón.

— ¿Puede usted enviarme todo esto a mi dirección? — preguntó doña María.

— Con mucho gusto, señora — contestó el tendero —. Por favor, pague usted en caja.

Doña María pasó a la caja y dio un billete de mil pesetas a la cajera, que le entregó la vuelta. Al salir, la madre y la hija encontraron a una amiga. Las tres se saludaron, luego la amiga les preguntó:

— ¿Leyeron ustedes en el periódico lo que pasó ayer en el cine Alhambra?

— No, no lo leímos. ¿Pasó algo extraño?

— Pues, a eso de las ocho de la tarde, una vaca se le

escapó a un ganadero en la calle, subió corriendo por la cuesta de San Fernando y entró en el cine. La taquillera oyó un ruido extraño, sacó la cabeza de la taquilla, vio delante de ella una enorme vaca y empezó a gritar pidiendo socorro. Los empleados del cine llamaron por teléfono a la policía y a los bomberos y unos espectadores que oyeron el ruido salieron de sus asientos. Le aseguro que desde casa oímos los gritos de la gente y los mugidos de la vaca.

— ¡Qué susto! Y ¿cómo cogieron la vaca por fin?

— Pues, ya verá usted. El pobre animal, al ver a tanta gente, se volvió y corrió hacia la calle de San Carlos donde vivimos nosotros. Los empleados y algunos espectadores del cine, con todos los niños y varias personas mayores de la calle, corrieron tras ella, y otros llegaron desde más lejos en bicicleta y en motocicleta. (Claro que mi esposo y yo lo vimos todo desde nuestra ventana.) Cuando llegaron los guardias y los bomberos, encontraron la pobre vaca en un estanco con toda esa multitud alrededor de la puerta y el estanquero escondiéndose detrás del mostrador. Afortunadamente, entre todos llegó el ganadero, que la cogió sin mucha dificultad.

— ¡Qué risa! — exclamó Teresa —. Una vez leí un cuento de un león que se escapó de un circo, pero esto tiene mucha más gracia.

— Te aseguro que nunca viste cosa igual, Teresa, ni en una película de dibujos animados — respondió la amiga.

— Me parece que tiene usted razón — contestó doña María —. Bueno, vamos a terminar nuestras compras. ¡Adiós, hasta otro día!

— ¡Adiós! — contestó la amiga, y doña María y Teresa se dirigieron entonces hacia el centro de Castillohermoso.

NOTE

'A grocer's shop' in Spanish is **una tienda de comestibles** or **una tienda de ultramarinos; los comestibles** are 'groceries,' **los ultramarinos** are foods from overseas, so the use of the latter term implies that the grocer offers a wider choice of goods. 'Grocer' in Spanish can only be expressed by **el tendero,** which also means 'shopkeeper.'

VOCABULARY

el aceite, olive oil
la aceituna, olive
el animal, animal
el asiento, seat
la bicicleta, bicycle
el billete (de banco), banknote

el bombero, fireman
la caja, cash-desk
el cajero, la cajera, cashier
el campo, country; **la merienda del campo,** picnic meal
el centro, centre
el circo, circus
la cuesta, slope, hill
el empleado, employee, attendant
el escaparate, shop-window
el espectador, member of audience, spectator
el estanco, tobacconist's shop
el estanquero, la estanquera, tobacconist
la galleta, biscuit
el ganadero, cowman, drover
la harina, flour
el león, lion
el litro, litre (about 1·8 pints)
la mantequilla, butter
la mermelada, jam
el mostrador, counter (in shop)
la motocicleta, motor-cycle
el mugido, bellow (**mugir,** to bellow, to low)
la película de dibujos animados, film cartoon
la persona mayor, grown-up person
el policía, policeman
la policía, police
el socorro, help; **gritar pidiendo socorro,** to shout for help
la taquilla, box-office
el taquillero, la taquillera box-office attendant
el tarro, pot (for jam, etc.)
el tendero, shopkeeper, grocer
la tienda de ultramarinos, grocery store
el vecino, la vecina, neighbour
la vaca, cow

dirigirse hacia, to make for
entregar, to hand over
escaparse, to escape
esconder(se), to hide (oneself)
volverse (ue), to turn round

afortunadamente, fortunately
ayer, yesterday
igual, same, similar; (**una**) **cosa igual,** such a thing
ni, not even, nor

USEFUL EXPRESSIONS

me parece que . . ., I think (that) . . .
ir en bicicleta, to cycle
ir en motocicleta, to go by motor-cycle
tener gracia (la gracia), to be funny
tener razón (la razón), to be right

QUESTIONS

1. ¿Adónde salieron doña María y Teresa?
2. ¿Qué compró Isabel?
3. ¿Quién comió las galletas?
4. ¿Qué ha hecho Isabel con las otras cosas que compró?
5. ¿Cuántas cosas compró doña María en la tienda de ultramarinos?
6. ¿Cómo llegaron estas cosas a su casa?
7. ¿Por qué pasó doña María a la caja?
8. ¿Cuántos chelines valen cien pesetas?
9. ¿A quién vieron Teresa y su madre al salir de la tienda?
10. ¿Dónde leyó la amiga lo que pasó en el cine?
11. ¿Por qué hay una vaca en la calle?
12. ¿Por qué gritó la taquillera?
13. ¿Qué hacen los empleados?
14. ¿Cómo sabemos que la gente gritó mucho?
15. ¿Adónde corrió la vaca?
16. ¿Quiénes corrieron detrás de ella?
17. ¿En dónde entró la vaca?
18. ¿Dónde se escondió el estanquero?
19. ¿Quién cogió la vaca por fin?
20. ¿Cuáles son los héroes de los dibujos animados?

GRAMMAR

A. *The Preterite of Regular Verbs*[1]

The preterite is the tense that tells you what happened, or what happened next. It is the usual past tense in Spanish for telling a story. There are two regular forms, one for **-ar** verbs and one for **-er** and **-ir** verbs.

[1] If you also learn French, you will realise that this tense corresponds to the French past historic, but you must realise that it is freely used in conversation, and that you should only use a perfect in Spanish where you would use one in English, *e.g.*, I *have* bought, you *have* sold.

comprar

compré	I bought
compraste	you bought
compró	he, she bought
compramos	we bought
comprasteis	you bought
compraron	they bought

vender		**vivir**	
vendí	I sold	**viví**	I lived
vendiste	you sold	**viviste**	you lived
vendió	he, she sold	**vivió**	he, she lived
vendimos	we sold	**vivimos**	we lived
vendisteis	you sold	**vivisteis**	you lived
vendieron	they sold	**vivieron**	they lived

B. *Preterite of* **leer** *and* **oír**

The preterite of these two verbs is governed by the rule we have already met in the first book: an unaccented **i** between two vowels always changes to **y.** Accents are also necessary because **i** is a weak vowel, and the stress would otherwise fall on the **e** or the **o.**

leer		**oír**	
leí	I read	**oí**	I heard
leíste	you read	**oíste**	you heard
leyó	he, she read	**oyó**	he, she heard
leímos	we read	**oímos**	we heard
leísteis	you read	**oísteis**	you heard
leyeron	they read	**oyeron**	they heard

C. Other spelling changes necessary in the preterite:

empezar: empecé **cruzar: crucé**
jugar: jugué **acercarse: me acerqué**

D. *Preterite of* **dar** *and* **ver**

These two verbs now have a special preterite without accents.

dar		ver	
di	I gave	**vi**	I saw
diste	you gave	**viste**	you saw
dio	he, she gave	**vio**	he, she saw
dimos	we gave	**vimos**	we saw
disteis	you gave	**visteis**	you saw
dieron	they gave	**vieron**	they saw

E. *Two more expressions with* **tener**

tener gracia, to be amusing
tener razón, to be right

Este cuento tiene mucha gracia. This tale is very amusing.

Me parece que usted tiene razón. I think that you are right.

Note: In Spanish 'to be wrong' is **estar equivocado.**

Juan está equivocado. John is wrong.
La señora está equivocada. The lady is wrong.

EJERCICIOS

A

I. Conjugen ustedes:

1. Salí de compras con mi madre.
2. No compré café en esta tienda.
3. Ayer merendé en el campo.
4. Leí mi periódico en el tren.

II. Cambien ustedes los verbos al pretérito:

1. Desayunas muy temprano. 2. Se dirige hasta la tienda de ultramarinos. 3. Oigo el teléfono. 4. Vuelven a casa en seguida. 5. Damos galletas al perro.

6. ¿Te acuerdas del cuento de la vaca? 7. Corre por la calle de San Carlos. 8. José sube a las colinas. 9. Ves a tus amigos en el colegio. 10. Cojo los paquetes y me escapo. 11. ¿Encontráis a vuestros tíos en la estación? 12. La amiga responde en seguida. 13. ¿Por qué no contesta usted a las preguntas? 14. Las mujeres terminan sus compras. 15. La niña se esconde detrás de la puerta. 16. Llamamos a los bomberos por teléfono. 17. El ganadero grita a la gente. 18 Empieza a llover cuando salimos. 19. Saludo a mi profesora en la calle. 20. Envío el jamón a su dirección.

III. Pongan ustedes los verbos en pretérito:

A las ocho de la mañana, Juan (levantarse), (bajar) la escalera y (desayunar). (Oír) el timbre del teléfono y lo (coger). Su amigo Diego le (invitar) a pasear con él y los dos muchachos (decidir) encontrarse delante del mercado. (Llegar) los dos a las diez, y juntos (entrar) en el mercado. Diego (comprar) pescado y frutas para su madre, pero Juan no (comprar) nada. Después, los dos (ver) a una amiga y (charlar) un rato. La amiga (ver) el reloj, y (salir) corriendo. Los dos muchachos (volver) a la casa de Diego y la madre de éste les (dar) café y galletas. (Comer) y (beber), y por fin Juan (saludar) y (marcharse) a su casa.

B

IV. Contesten ustedes:

¿Ha salido usted de compras recientemente? ¿En qué día salió? ¿Sale usted muchas veces de compras con su madre? ¿En qué tienda encuentra usted zapatos? ¿Dónde compra usted pañuelos? ¿Le gustan a usted las galletas? ¿En qué tienda las encuentra? ¿Prefiere usted té o café? ¿Lo toma usted con leche y azúcar?

¿Qué hacemos con la harina? ¿Cómo come usted mermelada? ¿Cuándo le gusta comer jamón?

V. (*a*) Describa usted: una vaca; un cine; un estanco; un dibujo animado; una caja.
(*b*) ¿Qué hace: un espectador? un estanquero? una taquillera? un ganadero? un bombero?

el cuerno, horn; **la entrada,** ticket (theatre); **el tabaco,** tobacco; **el cigarrillo,** cigarette; **el puro,** cigar; **apagar,** to put out; **el fuego,** fire.

VI. *¿Tiene razón o no?*

Mi tío Zacarías dice ...

... que todos los muchachos son malos y todas las muchachas son buenas.

... que los niños que viven en la ciudad son más listos que los que viven en el campo.

... que prefiere el teatro al cine, y que todas las películas son estúpidas.

... que la música de baile no es música sino un ruido horrible.

... que prefiere los gatos que cantan por la noche a los artistas que cantan por la radio.

¿Qué piensan ustedes? ¿Tiene razón o no?

VII. *Redacción*

(*a*) Como pasé el día de ayer.
(*b*) Algo extraordinario que pasó en la calle.
(*c*) Un amigo (una amiga) va de compras con usted. La conversación — las tiendas — las cosas que compran.

Usen ustedes sólo los verbos que han aprendido.

C

VIII. Traduzcan ustedes al español:

María and Teresa went out of school together. They waited for the bus, and when it arrived they went up the stairs and sat down. "Have you any biscuits today?" asked Teresa. "Yes, I have them in my satchel," answered María. "Let us eat them now, shall we?[1]" She took out the packet of biscuits and the two girls began to eat them. When the conductor[2] came upstairs and saw them, he shouted, "What dirty girls! If you are hungry, you must go home and eat your biscuits there. Look at the paper on the floor! And the crumbs! This is not a grocer's shop, but a bus! It isn't a café, either! Get off at once!" The poor girls got up and ran downstairs, and when the bus stopped, they got off. "What a horrible man!" cried Teresa. "Tomorrow we'll walk home!"

[1] *¿quieres?* [2] *el cobrador*

LECCIÓN TERCERA

EN LA CIUDAD

Al llegar doña María y Teresa al centro de la ciudad, subieron por la Avenida de España que estaba muy concurrida, pues allí se encontraban las mejores tiendas de Castillohermoso.

La primera a la derecha era una confitería donde vendían bombones, caramelos y pasteles muy ricos, pero caros. Por eso, cuando doña María necesitaba pasteles, los compraba generalmente en una tienda más pequeña cerca de casa.

Al lado de la confitería había una droguería donde

Boys at school in Gerona wearing their batas colegiales

Photo N. W. Newcombe

El sereno Photo M. C. M. Roberts

entraron doña María y Teresa para comprar pasta de dientes. El droguero vendía también jabón, perfumes y otros artículos de tocador, pero no medicinas. (En España los farmacéuticos venden medicinas en las farmacias, pero nunca venden artículos de tocador.)

En la tienda de al lado, la librería Matamoros — que era también papelería — tres niños estaban absortos mirando un libro con dibujos de valientes aventureros del espacio con su astronave.

— Ya no lee nadie los cuentos de viajes al centro de la tierra como aquéllos que leíamos tu tío Adolfo y yo cuando éramos jóvenes — dijo doña María.

— ¡Claro que no! — contestó Teresa —. Dice Antonio que los aventureros que se quedan en este planeta son unos sosos.

— Y él y su amigo Juanito, que antes coleccionaban fotos de todas las marcas de coches, ahora buscan dibujos de astronaves — añadió doña María.

Como Teresa tenía que comprar un regalo para una amiga suya, entró en la bisutería, que estaba a la izquierda de la librería y donde vendían pendientes, pulseras y collares bonitos, pero bastante baratos. Mientras tanto, doña María, que necesitaba sellos, cruzó la calle para ir a la oficina de Correos.

Otra vez juntas, la madre y la hija volvieron la esquina y subieron por la calle de San Juan. Allí compraron un kilo de pescado en la pescadería y dos kilos de pan en la panadería. Saludaron al carnicero al pasar por su puerta, pero no necesitaban carne aquel día. Enfrente de la carnicería había una churrería y al ver los churros en una bandeja en la puerta, doña María exclamó:

— ¡Qué churros más ricos! Cuando yo tenía unos siete años y el tío cinco, vivíamos en Valencia y por las tardes íbamos de paseo, mi hermano y yo, con una muchacha — por cierto no muy simpática — llamada Tomasa. Al ver una churrería, pedíamos siempre churros y cuando nos decía Tomasa que el churrero los hacía solamente por las mañanas, creíamos que no era verdad.

— Y ¿no los comíais nunca? — preguntó Teresa.

— Los días de fiesta, sí, cuando salíamos con papá; comíamos también los que hacía de vez en cuando mamá, pero lo que nos entusiasmaba era comerlos en la calle.

Cuando doña María estaba terminando de hablar, ella y Teresa vieron un autobús que se acercaba a la parada, y como no tenían más compras que hacer y llevaban muchos paquetes, subieron a él para regresar a casa.

VOCABULARY

las tiendas	**los dueños de las tiendas**
la bisutería, cheap jewellery shop	**el bisutero**
la carnicería, butcher's shop	**el carnicero**
la confitería, confectioner's shop	**el confitero**
la churrería, *churro* shop	**el churrero**
la droguería, shop for toilet articles	**el droguero**
la farmacia, chemist's shop	**el farmacéutico**
la librería, bookshop	**el librero**
la panadería, baker's shop	**el panadero**
la papelería, stationer's shop	**el papelero**
la pescadería, fish shop	**el pescadero**
la zapatería, shoe shop	**el zapatero**

el artículo de tocador, toilet article
la astronave, space-ship
el autobús, bus
el aventurero del espacio, space traveller
la bandeja, tray
el bombón, fancy chocolate
la clase, kind
el dueño, owner, proprietor
la esquina, corner (of street, etc.)
la marca, make
la medicina, medicine
(la oficina de) Correos, Post Office
la parada, (bus) stop
la pasta de dientes, toothpaste

el pastel, cake
el pendiente, ear-ring
el perfume, scent, perfume
el planeta, planet
la pulsera, bracelet
el sello, stamp
la tierra, earth

añadir, to add
coleccionar, to collect
encontrarse (ue), to be (to find oneself)
entusiasmar, to thrill, to delight

absorto, -a, absorbed, engrossed
barato, -a, cheap
caro, -a, expensive
por cierto, certainly
concurrido, -a, crowded
al lado de, next to
pues, for, because
rico, -a, very good (of food)
solamente, only
soso, -a, dull, boring. 'feeble'; **un soso,** a dull person

USEFUL EXPRESSIONS

hacer compras, to shop
subir al autobús, to get into the bus
la tienda de al lado, the shop next door
no es verdad, it is not true (*Note:* **la verdad,** truth; a noun is used in Spanish here instead of an adjective, as in English.)
unos siete años, about seven years
volver la esquina, to turn the corner

QUESTIONS

1. ¿Por qué estaba concurrida la Avenida de España?
2. ¿Qué venden en una confitería?
3. ¿Por qué no entró doña María en la confitería?
4. ¿Qué venden en una droguería?
5. ¿En qué tienda venden medicinas en España?
6. ¿Qué hacían los tres niños?
7. ¿Adónde van las astronaves?
8. ¿Quién escribió un célebre cuento de un viaje al centro de la tierra?

9. ¿Qué clase de colección hacen Antonio y Juanito?
10. ¿Por qué entró Teresa en la bisutería?
11. ¿Por qué necesitaba sellos doña María?
12. ¿Qué necesitaban comprar aquel día?
13. ¿Dónde encontraron los churros?
14. ¿De qué ciudad era doña María?
15. ¿Quién era Tomasa? ¿Cómo era?
16. ¿Por qué decía Tomasa que sólo había churros por la mañana?
17. ¿Cuándo comían churros doña María y el tío Adolfo?
18. ¿Quién hacía también churros?
19. ¿Dónde les gustaba comer a los niños?
20. ¿Cómo regresaron Teresa y su madre a casa?

GRAMMAR

A. *The Imperfect Tense*

This tense tells you what was happening, what used to happen, or what was the state of affairs at the time. As with the preterite, there are two regular forms, one for **-ar** verbs, and one for **-er** and **-ir** verbs.

necesitar

necesitaba	I used to need, was needing, needed
necesitabas	you used to need, were needing, needed
necesitaba	he, she used to need, was needing, needed
necesitábamos	we used to need, were needing, needed
necesitabais	you used to need, were needing, needed
necesitaban	they used to need, were needing, needed

decir

decía	I used to say, was saying, said
decías	you used to say, were saying, said
decía	he, she used to say, was saying, said
decíamos	we used to say, were saying, said
decíais	you used to say, were saying, said
decían	they used to say, were saying, said

Note that the stress throughout both forms is on the first vowel of the ending.

Nearly all imperfects are regular. Two very important irregulars are **ser** and **ir**.

ser:	**era**	**ir:**	**iba**
	eras		**ibas**
	era		**iba**
	éramos		**íbamos**
	erais		**ibais**
	eran		**iban**

The stress is on the first letter throughout both.

Note that the imperfect of **ver** is **veía.**

B. *Preterite and Imperfect*

(*a*) The English simple past, *e.g.*, 'he arrived,' may be either preterite or imperfect in Spanish, according to its real meaning. 'He arrived this morning' tells you what *happened*, or what he *did*, and is preterite.

Llegó esta mañana.

But 'Every Sunday he arrived early' tells you what *used to happen*, or what he *used to do*, and is imperfect.

Todos los domingos llegaba temprano.

(*b*) 'The imperfect was going on when the preterite happened.'

Llovía (estaba lloviendo) cuando salí.
It was raining when I went out.

El muchacho corría (estaba corriendo) cuando se cayó.
The boy was running when he fell.

(*c*) In descriptive passages, when in doubt as to which tense to use, ask yourself: 'What happened?' 'What did he do?' If the answer is 'Nothing,' you need the imperfect:

The sky was blue, the fields were green.

What happened? Nothing. So you need the imperfect.

El cielo estaba azul, los campos eran verdes.

If, on the other hand, something did happen, or somebody did something, you need the preterite.

The sky was blue, and I went for a walk.
El cielo estaba azul, y salí de paseo.

Similarly: **Se sentó,** he sat down (he did something), *but* **Estaba sentado,** he was sitting (he did nothing).

C. 'To finish doing something' is rendered by **terminar de** + the infinitive of the verb, since **acabar de** means 'to have just done something.'

Terminó de escribir sus cartas.
He finished writing his letters.

Remember, all prepositions in Spanish govern an infinitive.

D. *Shops and Shopkeepers*

el confitero	**la confitería**
el droguero	**la droguería**
el peluquero	**la peluquería**

Often we can take this a step further:

el zapato	**el zapatero**	**la zapatería**
el pan	**el panadero**	**la panadería**
el pescado	**el pescadero**	**la pescadería**
la carne	**el carnicero**	**la carnicería**
el churro	**el churrero**	**la churrería**

But note: **el farmacéutico** **la farmacia**
el estanquero *el* **estanco**

EJERCICIOS

A

I. Conjuguen ustedes:

1. Estaba sentado en mi silla.

2. Vendía bombones en mi tienda.
3. Yo miraba un libro con dibujos.
4. Iba a la escuela con mis hermanos.
5. Era más alto que mi padre.

II. Cambien ustedes los verbos al imperfecto:

1. Aquí hay una droguería. 2. Los farmacéuticos no venden jabón. 3. Juan lee un libro de astronaves. 4. Es un hombre muy raro. 5. La muchacha se queda delante de la puerta. 6. Vemos a la madre de nuestro amigo. 7. Vais de compras por la mañana. 8. Piden churros cuando van de paseo. 9. ¿Sales los días de fiesta? 10. Subimos al autobús.

III. Pongan ustedes el verbo en imperfecto, completando la frase con una expresión como *siempre*, *antes*, *de vez en cuando*, *todos los años*, *etc.*:

1. Regresé a casa andando. 2. Me entusiasmó el mercado. 3. Terminaron de trabajar a las siete. 4. Llevamos muchos paquetes. 5. Compré un regalo para mi madre. 6. Miraron el escaparate. 7. Coleccionan sellos. 8. Crucé la calle. 9. Leí un libro de aventuras. 10. Necesitó comprar pescado.

IV. Pongan ustedes los verbos en pretérito o en imperfecto según el sentido [*meaning*] del contexto:

1. Un día cuando yo (volver) del colegio, (encontrar) a mi primo por el camino.
2. Cuando nosotras (levantarse) ayer, los pájaros (cantar).
3. Anoche (llegar) su tía y la (llevar) al teatro.
4. Ellas siempre (lavarse) y (peinarse) por la mañana:
5. Los campos (ser) verdes y (brillar) el sol, pero de pronto (empezar) a llover.
6. El profesor (hablar) pero tú (interrumpir).
7. Yo (ir) a acostarme cuando (oír) el teléfono.
8. Ellos (mirar) el escaparate cuando (salir) el tendero.

9. Todos los domingos vosotros (ir) a la iglesia y (cantar) alegremente.
10. La mujer (ser) vieja y (tener) cuatro gatos.

B

V. (*a*) *Ejemplo:* el pan: El panadero vende el pan en una panadería.

Los zapatos; el pescado; la carne; los churros; el libro; el papel; el pastel.

(*b*) Repitan ustedes las mismas frases con el verbo en imperfecto.

(*c*) ¿Qué venden: en una farmacia? en una bisutería? en una droguería? en una confitería?

VI. Contesten ustedes:

¿Qué es una calle concurrida? ¿A qué horas están concurridas las calles en Inglaterra? ¿Por qué hay tanta gente? ¿Cómo viene usted al instituto o al colegio? ¿Hay mucha gente en los autobuses cuando usted sale de clase? ¿Hay tiendas cerca de su casa? ¿Cuáles son? ¿Qué escaparates le gustan más? ¿Lee usted libros de aventuras? ¿Qué clase de libro le gusta más? ¿Qué día va usted de paseo, generalmente? ¿Adónde va, y con quién? ¿Come usted a veces en la calle? ¿Qué cosas come?

VII. *Redacción*

(*a*) Cuente usted como pasaba los domingos cuando era niño (niña).

(*b*) Un niño cuenta a su madre las cosas que ha visto en los escaparates.

VIII. Mi tío Zacarías dice . . .

. . . que cuando era joven los niños eran mucho más amables que los de hoy, que son unos bárbaros.

. . . que cuando era joven las muchachas eran mucho más bonitas y se vestían mejor que las de hoy.

. . . que cuando era joven los muchachos y las muchachas se divertían en casa mejor que ustedes con su radio y su televisión.

. . . que cuando era joven no había automóviles ni aviones y el mundo era más tranquilo y mejor.

. . . que cuando era joven las niñas no perdían su tiempo en la escuela y por eso eran muy buenas esposas, muy distintas de las de hoy.

¿Qué les parece a ustedes? ¿Tiene razón o no? ¿Por qué?

C

IX. Traduzcan ustedes al español:

"When I was a little girl," my grandmother used to say, "we used to live in a small town near the sea. My parents were not rich, but they were not poor either, and we had a pretty house with a large garden. I remember that we used to have a dog and a cat, which were always running about[1] the garden. On Sundays we used to go to church and in the evenings we would sing around the piano. One day my uncle arrived from America. He took us all to the circus and there

[1] *por*

I saw a lion for the first time. I think this lion was very tired, because he was silent all the evening. When my uncle went away, I was very sad, because we enjoyed ourselves while he was there. But life was quieter in those days[2]; we had no cars nor aeroplanes, nor radio, nor . . ." and at[3] this moment Grandmother usually went to sleep!

[2] *por aquel entonces* [3] *en*

X. *Repaso*

Ejemplo: comer: comes, has comido, comerás

poner	decir	empezar	oír
romper	caer	pedir	cesar
escribir	ir	jugar	abrir
ver	poder	salir	hacer
volver	querer	dar	saber

POESÍA

Que yo, mi madre, yo,
que la flor de la villa
me era yo.
Íbame yo, mi madre,
a vender pan a la villa,
y todos me decían:
—¡Qué panadera garrida!
Garrida me era yo,
que la flor de la villa
me era yo.

ANÓNIMO

la villa, town
íbame, *old form of* **me iba**
garrido, -a, graceful, beautiful
anónimo, anonymous

LECCIÓN CUARTA

EL SERENO

El día 15 de septiembre, que era sábado, Teresa y José fueron con sus padres a merendar con la familia de Rueda, porque ese día era el santo de la señora de Rueda.

La merienda era muy rica; había bocadillos, pasteles, una magnífica tortada y vino dulce.

— ¿Hizo esta tortada algún cocinero francés? — preguntó don Pedro Jiménez.

— ¿O la hiciste tú, Dolores? — dijo doña María a la señora de Rueda.

— La hice yo — dijo doña Dolores — y le eché un excelente vino de Málaga que me trajo mi marido.

— No la he comido mejor en mi vida — dijo don Pedro —. ¿Estuvisteis en el castillo anoche oyendo la música?

— Pues, no, porque un primo mío vino a vernos y se quedó a cenar, así que no pudimos salir — dijo don Alberto Rueda —. ¿Fuisteis vosotros al concierto?

— Sí, fuimos María y yo, y estuvo con nosotros el amigo Lloret. El concierto nos gustó mucho a todos.

Después de merendar, todos salieron al jardín, donde se sentaron a charlar. Don Alberto, que tenía muy buen humor, dijo a sus amigos:

— Hace unos días, pasó una cosa muy divertida en esta calle, ¿sabéis?

— ¡Otra historia tuya! — dijo don Pedro riéndose.

— ¡No, no, nada de historias! Te aseguro que esto es verdad.

— Muy bien, te estamos escuchando — contestó don Pedro.

— Bueno, parece que un señor inglés y su mujer, que estaban en la Pensión Aitana, fueron a oír la banda que tocaba en el parque el domingo después de cenar. Luego estuvieron un rato en el café, de modo que eran casi las dos cuando se pusieron en camino para ir a casa. Al llegar a la puerta de la pensión, la encontraron cerrada con llave, como era natural. Quisieron tocar el timbre, pero no lo pudieron encontrar — no sabían que los timbres de las casas están dentro del portal, ¿comprendéis?

— Claro, y aquella puerta no tiene picaporte — dijo doña María.

— Tienes razón; no hubo manera de llamar. Los pobres ingleses dieron varios golpes en la puerta con las manos, pero no vino nadie a abrir. La señora, desesperada, se puso a llorar, y el señor, como era inglés, se quedó más callado que la estatua de Nelson en la Plaza de Trafalgar.

— Y ¿qué hicieron por fin? — preguntó don Pedro —. ¿Estuvieron toda la noche en la calle?

— Ya veréis. Como tenían frío, anduvieron arriba y abajo un rato, pero, por fin, la señora no pudo más y tuvo que sentarse en el peldaño; y allí estaban, él furioso, murmurando entre dientes, y ella suspirando, cuando se acercaron por la calle los señores de Gómez que viven en la misma casa, en el piso de abajo. Como el señor Gómez habla inglés, preguntó a los ingleses qué hacían.

— No tenemos llave y nos han cerrado la puerta — dijo el señor, y le contó todos los detalles de la aventura.

— Pero ¿no han llamado al sereno? — preguntó Gómez, asombrado.

— No. ¿Qué es eso del sereno? — preguntó el inglés —. No entiendo lo que es.

El amigo Gómez dio unas palmadas. Oyeron en seguida el ruido de un bastón en la acera y se acercó el sereno.

— Este hombre de la gorra con el bastón blanco — dijo Gómez — tiene las llaves de las casas de dos o tres calles, y los que llegan a casa después de las once de la noche le llaman dando palmadas, si no tienen ellos la llave de la puerta principal. ¿Ustedes no tienen esa costumbre en Inglaterra?

— Claro que no — dijo el inglés —, en mi país no hay serenos de esta clase.

El sereno abrió la puerta y entraron todos. Los ingleses se pusieron tan contentos al ver la puerta abierta que en vez de unas cinco pesetas, le dieron al sereno cinco duros de propina.

— ¡Hombre! ¡Parece increíble! — exclamó don Pedro.

— Eso dije yo cuando fui a ver a Gómez, pero me aseguró que era verdad. Me dijo, además, que el martes por la noche ¡vio al sereno paseándose más ancho que largo con una gorra nueva en la cabeza!

Todos se echaron a reír del cuento del señor Rueda y después de un rato más de conversación, los señores de Jiménez y sus hijos dieron las buenas noches a sus amigos y se marcharon para regresar a casa.

VOCABULARY

la banda (de música), band
el bastón, (walking-)stick
el cocinero, cook
el concierto, concert
la costumbre, custom
el detalle, detail
el duro, coin or note worth 5 pesetas
la estatua, statue
el golpe, blow
la gorra, cap
la historia, story

el humor, humour
el jardín, garden
la llave, key
el marido, husband
la mujer, wife
los padres, parents
el país, country
el peldaño, doorstep
la pensión, boarding-house
el picaporte, knocker
el portal, main door
el sereno, night-watchman
la tortada, an iced cake containing ground almonds and flavoured with wine
la vida, life

cerrar (**ie**), to close
comprender, to understand (the thought)
echar, to pour, to add; **echarse a** (+*inf.*), to begin to
entender (**ie**), to understand (the meaning of words)
murmurar entre dientes, to mutter
suspirar, to sigh

abajo, down, below
además, besides, moreover
ancho, -a, wide
anoche, last night
arriba, up, above
asombrado, -a, surprised
desesperado, -a, desperate
divertido, -a, funny
excelente, fine, excellent
increíble, incredible
mismo, -a, same
de modo que, so that
natural, natural
nuevo, -a, new

USEFUL EXPRESSIONS

estar más ancho que largo, to be bursting with pride
arriba y abajo, up and down
cerrar (**ie**) **con llave,** to lock
dar las buenas noches, to say goodnight
echarse a reír, to burst out laughing
hace dos días, two days ago
no poder más, to be worn out

QUESTIONS

1. ¿Por qué fue la familia de Jiménez a casa de los Rueda?
2. ¿Qué cosas comieron?
3. ¿Quién hizo la tortada?
4. ¿Por qué no oyeron la música?
5. ¿Quién fue al concierto?

6. ¿Qué hicieron después de merendar?
7. ¿Cómo mostró don Alberto su buen humor?
8. ¿Adónde fueron los ingleses?
9. ¿Por qué no volvieron a casa en seguida?
10. ¿Cómo encontraron la puerta y por qué?
11. ¿Por qué no tocaron el timbre?
12. ¿Qué hicieron los dos ingleses?
13. ¿Cómo pasaron el tiempo?
14. ¿Quiénes vinieron a ayudarles?
15. ¿A quién llamaron los Gómez?
16. ¿Dónde estaban las llaves?
17. ¿Cómo llaman al sereno en España?
18. ¿Cuánto dinero dan al sereno generalmente?
19. ¿Qué propina le dio el señor inglés?
20. ¿Cuándo vio al sereno el señor Gómez? ¿Qué llevaba?

GRAMMAR

A. *Pretérito Grave*

A number of irregular verbs have a special preterite known as the *pretérito grave* (stressed preterite). All these verbs have an irregular *stem* for the preterite, which does not come from the infinitive, and must be learnt for each verb. Note the first and third persons singular, where the stress is on the stem, not on the endings, as in the case of regular verbs, so that there are no accents.

estar:	**decir:**	**hacer:**
estuve	**dije**	**hice**
estuviste	**dijiste**	**hiciste**
estuvo	**dijo**	**hizo**
estuvimos	**dijimos**	**hicimos**
estuvisteis	**dijisteis**	**hicisteis**
estuvieron	**dijeron**	**hicieron**

Notes

1. Verbs like **decir** with a **j** at the end of the stem have **-eron** instead of **-ieron** in the third person plural. **Traer** is

another example, so also are all verbs ending in **-ducir,** like **traducir** (**traduje**), **conducir** (**conduje**), **producir** (**produje**), etc.

2. Hacer changes **c** to **z** before **o** in the third person singular, to preserve the pronunciation.

Other verbs with a *pretérito grave* are:

andar (**anduve**)	**saber** (**supe**)
haber (**hube**)	**tener** (**tuve**)
poder (**pude**)	**traer** (**traje**)
poner (**puse**)	**venir** (**vine**)
querer (**quise**)	

B. **Ser** and **ir**

Strange to say, these two verbs have to share the same preterite, which is different from all the others.

fui (I was *or* I went)
fuiste
fue
fuimos
fuisteis
fueron

Notice that there are no accents, and be very careful to learn the first and third persons singular, which cause a lot of mistakes in examinations.

EJERCICIOS

A

I. Conjuguen ustedes:

1. Fui a casa de mi primo.
2. No pude abrir la puerta.
3. Tuve que marcharme en seguida.

II. Cambien ustedes los verbos al pretérito:

1. Voy a merendar con mis padres. 2. Los alumnos traen sus carteras. 3. Hay un accidente en la calle. 4. Nos ponemos los vestidos del domingo. 5. Hace una tortada muy rica. 6. No pueden ir al concierto. 7. ¿Estás en el café? 8. Tenemos que regresar en

seguida. 9. ¿Por qué no venís a verme? 10. Mi coche anda mal. 11. Por fin, sé el nombre de mi vecino. 12. Los alumnos dicen cosas terribles acerca de sus profesores. 13. ¿Haces un regalo a tu hermano? 14. Ve al sereno en la calle. 15. Es el señor quien llama.

III. Pongan ustedes los verbos en pretérito o en imperfecto:

1. Todos los días Enrique (dar) los buenos días a su madre.
2. Cuando ellos (llegar) a casa, la puerta (estar) cerrada con llave.
3. De repente, José (oir) un ruido extraño.
4. El sereno (llevar) una gorra nueva cuando Gómez le (ver).
5. Juan (abrir) la puerta sin ruido.
6. Don Pedro siempre (estar) contando historias.
7. Ayer mi tío (decir) que los niños (ser) tontos.
8. Generalmente nosotros (ir) de compras los lunes.
9. (Hacer) buen tiempo, no (haber) viento, (brillar) el sol.
10. (Estar) nevando cuando (ponerme) en camino.

B

IV. Contesten ustedes:

¿Qué hizo usted ayer por la noche? ¿Dónde estuvo? ¿A qué hora vino al colegio hoy? ¿Qué vestidos se puso usted hoy por la mañana? ¿Cuántos libros trajo usted al colegio hoy? ¿Qué dijo su profesor al entrar en el aula? ¿Vio usted algo en la televisión anoche? Cuando usted volvió a casa ayer, ¿pudo entrar o estaba cerrada la puerta con llave? ¿Adónde fue usted en su último paseo? ¿Cuántas cartas tuvo usted ayer? ¿Qué regalo hizo usted a su madre por su cumpleaños? ¿Qué palabras no entiende usted en esta lección?

V. (*a*) ¿Qué es: un parque? un concierto? una familia?

un sereno? una gorra? una pensión? una banda? una llave? una puerta principal?

(*b*) *Ejemplo:* Cuando nos levantamos, salimos de la cama, o nos ponemos de pie.

¿Qué hacemos cuando: merendamos? cocinamos? no nos equivocamos? nos callamos? llamamos al sereno? damos una propina? nos echamos a reír?

(*c*) Hagan ustedes frases con estas expresiones:

En mi vida; de modo que; tener razón; ponerse a; por fin; arriba y abajo; no poder más; más ancho que largo; volver la esquina; al lado de.

VI. *Redacción*

(*a*) «Mi Cumpleaños.» Unos amigos vienen a su casa de usted a celebrar su cumpleaños. La conversación — la comida — cómo ustedes se divierten.

(*b*) «La Puerta Cerrada.» Un joven y su hermana volvieron a casa después de un baile y encontraron la puerta cerrada con llave. ¿Cómo hicieron para entrar?

C

VII. Traduzcan ustedes al español:

Mr and Mrs Brown went to a concert one night. Afterwards they were hungry and went to a café. When they finished eating, Mr Brown looked at his watch. "Good Heavens!" he said. "It is twelve o'clock! There are no more[1] buses, so we shall have to walk home." They started out at once. The night was cold and it was raining, and when they arrived at their house, they were cold and tired. When Mr Brown came to open the door, he found that he hadn't the key. "Have you your key?" he asked his wife. "Yes," she said, "I put it in my handbag[2] before going out. But — where is my handbag? Do you know, I

[1] *ya no hay* [2] *el bolso*

believe I left it in the café!" She began to cry. Mr Brown said a lot of things which I prefer not to repeat!

VIII. *Repaso*

Sustituyan ustedes los nombres en itálica por pronombres:

1. Deme *su dirección.* 2. Le ha dado *la llave.* 3. No envíen ustedes *el paquete al señor Gómez.* 4. Dígame *la verdad.* 5. No quiero daros *este papel.* 6. Nos ha contado *la historia.* 7. Estamos comprando *los sellos.* 8. Habló *a la señora.* 9. Saludaron *a los alumnos.* 10. No quiso comprar *las uvas.*

NOCHE DE VERANO

Es una hermosa noche de verano.
Tienen las altas casas
abiertos los balcones
del viejo pueblo a la anchurosa plaza.
En el amplio rectángulo desierto,
bancos de piedra, evónimos y acacias
simétricos dibujan
sus negras sombras en la arena blanca.
En el cenit, la luna, y en la torre,
la esfera del reloj iluminada.
Yo en este viejo pueblo paseando
solo, como un fantasma.

ANTONIO MACHADO

el balcón, window, balcony
el pueblo, village, small town
anchuroso, -a, spacious
amplio, -a, wide, vast
el rectángulo, rectangle
desierto, -a, deserted
el banco, bench, seat
el evónimo, evonymus
la acacia, acacia
simétrico, -a, symmetrical
la sombra, shadow, shade
la arena, sand
el cenit, zenith, sky
la luna, moon
la esfera, clock-face
iluminar, to illuminate

LECCIÓN QUINTA

GIGANTES Y CABEZUDOS

Pasaron los días de verano y de otoño. Empezó el nuevo curso y los niños de Jiménez tuvieron que volver a clase. Vino el invierno y todos empezaron a hacer preparativos para Navidad. El sábado, 8 de diciembre, cuando se aproximaba ya el fin del primer trimestre, Teresa y José, que querían mirar los carteles de un cine para ver lo que iban a poner la semana siguiente, estaban subiendo por la calle de Palacio Valdés. Se detuvieron delante del Cine Ideal y estaban mirando las fotos en technicolor, cuando Teresa sintió que alguien le ponía una mano en el hombro, diciendo:

— ¡Hola, niños! ¿Adónde vais?

— ¡Tío Adolfo! — exclamaron los jóvenes, volviéndose —. ¿Tú por aquí?

— ¿Por qué no has venido a casa? — preguntó José.

— Aquí me tenéis por fin, chicos, y me alegro mucho de veros.

— Pero ¿por qué no has venido a casa? — repitió José.

— Porque unos negocios importantes me han tenido ocupado hasta ahora — dijo el tío —, pero iba a subir a vuestra casa cuando os encontré. Ya os lo explicaré todo. Vamos a tomar chocolate allí enfrente en el mostrador y charlaremos un rato.

Teresa y José fueron con el tío a una cafetería, donde éste pidió tres tazas pequeñas de chocolate. La chica les sirvió en seguida, y mientras lo estaban tomando, siguieron hablando así:

TERESA. ¡Qué malo eres, tío! No viniste a vernos ni una sola vez durante las vacaciones de verano.

DON ADOLFO. Es verdad, y lo sentí mucho, pero tuve que llevar a vuestra abuela a pasar un mes en la sierra y no pude venir aquí también. Pero creo que os divertisteis mucho a pesar de mi ausencia, ¿verdad?

TERESA. Pues, sí; hicimos varias excursiones a la playa de Benidorm donde Antonio consiguió aprender a nadar.

JOSÉ. Y llevamos a Isabel por primera vez al teatro a ver el Ballet Andaluz y se durmió antes de terminarse la función.

TERESA. Pero donde nos divertimos más fue en la fiesta típica de Castillohermoso —

JOSÉ. Sí, porque nuestro amigo Manolo se vistió de enano y salió con los gigantes y cabezudos y nosotros acompañamos el desfile para verle.

TERESA. Los cabezudos seguían a los dos músicos, como siempre, y detrás de los músicos venían los gigantes, muy serios. Cuando se paraba el desfile, los cabezudos bailaban, pero Manolo y su compañero, en vez de bailar siempre juntos, eligieron a dos chicas que veían el desfile desde la acera y las invitaron a bailar. Las chicas se rieron mucho y todos se divirtieron más que otros años. Y ahora, tío, tienes que decirnos si te veremos en casa durante las vacaciones de Navidad.

DON ADOLFO. Pues, sí, chicos, me vais a ver, pero no aquí, sino en Madrid.

JOSÉ. ¿En Madrid? ¡Pero nosotros no vamos a Madrid! ¿Cómo será eso?

DON ADOLFO. La abuela os ha invitado a pasar las Navidades con ella en Madrid y como vuestros padres están de acuerdo, saldremos de aquí en tren el día 22. Bien sabéis que hay que sacar los billetes con anticipación, y como tenía la mañana libre (porque una de mis clases ha ido de excursión), vine a Castillohermoso hoy para sacarlos en el despacho de la RENFE y aquí las tengo con las reservas — ¡tres de segunda clase para Madrid para el día 22!

TERESA. ¿Conque vamos a viajar contigo? ¡Estupendo!

DON ADOLFO. Sí, viajaréis conmigo. Íbamos a decíroslo esta tarde de todas maneras, pero como os he encontrado en la calle, lo habéis sabido antes.

Tan grande fue la alegría de los chicos que apenas pudieron darle las gracias a su tío. Al salir de la cafetería, don Adolfo se dirigió hacia la casa de los señores de Jiménez acompañado por sus sobrinos, con quienes siguió hablando de todo lo que iban a hacer en Madrid. Después de pasar un rato con su hermana, doña María de Jiménez, y don Pedro, el tío Adolfo se despidió de ellos y fue con Teresa y José a la estación de autobuses, donde subió al coche de línea que iba a Villapeña, la población donde vivía. Sus sobrinos se despidieron de él y regresaron a casa muy alegres, haciendo mil proyectos para sus vacaciones en la capital.

NOTES

gigantes y cabezudos: On the day dedicated to the patron saint of a town, the procession of **gigantes y cabezudos** often takes place. The giants are tall figures without legs and wearing long skirts which completely hide the men who carry them; the dwarfs (**enanos**) or 'huge-heads' (**cabezudos**) are boys dressed as men and women and wearing large and grotesque heads.

Las Navidades, *i.e.*, **las fiestas de Navidad**

RENFE: Red Nacional de los Ferrocarriles Españoles, the Spanish State Railways. (*See Vocabulary*)

VOCABULARY

la ausencia, absence
el billete, (railway) ticket
la cafetería, milk-bar
la capital, capital (city)
el cartel, poster
el coche de línea, long-distance coach
el desfile, procession
el despacho, office
el enano, dwarf
la excursión, excursion
el ferrocarril, railway
la función, performance
el gigante, giant
el hombro, shoulder
el mostrador, counter
el músico, musician
la población, town
los preparativos, preparations
el proyecto, plan
la red, network
la reserva, reservation
el teatro, theatre
el technicolor (*English word, hence* **ch**), technicolor
el tren, train

alegrarse de (+*inf.*), to be glad to
aproximarse a, to approach
conseguir (**i**), to obtain; (+*inf.*), to succeed in
dormirse (**ue, u**), to go to sleep
elegir (**i**), to choose
invitar a (+*inf.*), to invite to
nadar, to swim
repetir (**i**), to repeat
sacar billetes, to take tickets
sentir (**ie, i**), to feel; to be sorry
servir (**i**), to serve
viajar, to travel

apenas, scarcely
cabezudo, -a, large-headed
nacional, national
siguiente, following
solo, -a, alone
típico, -a, typical, characteristic

USEFUL EXPRESSIONS

a pesar de, in spite of
con anticipación, in advance

QUESTIONS

1. ¿Qué pasó cuando terminaron las vacaciones?
2. ¿En qué pensaba todo el mundo cuando vino el invierno?
3. ¿Por qué subieron Teresa y José por la calle de Palacio Valdés?
4. ¿Cómo eran las fotos?
5. ¿Quién encontró a los jóvenes? ¿Cómo les saludó?

6. ¿Por qué no fue el tío directamente a casa de los Jiménez?
7. ¿Qué hicieron los tres antes de ir a casa?
8. ¿Quién pidió el chocolate?
9. ¿Cómo explicó el tío su ausencia durante las vacaciones?
10. ¿Adónde fueron los jóvenes durante el verano?
11. ¿Qué hizo Antonio?
12. ¿Cómo sabemos que Isabel encontró muy aburrido el ballet?
13. ¿Qué personajes hay en el desfile de Castillohermoso?
14. ¿Quiénes van siempre delante?
15. ¿Por qué se divirtieron todos ese día más que en otros años?
16. ¿Por qué van a Madrid los chicos?
17. ¿Cómo irán a Madrid? ¿Cuándo saldrán?
18. ¿Dónde se despidieron del tío?
19. ¿Cómo iba éste a volver a su población?
20. ¿Por qué estaban tan alegres Teresa y José?

GRAMMAR

A. We already know that radical-changing verbs in **-ir** (Groups II and III) change **e** to **i** and **o** to **u** in the present participle. This change occurs again in the preterite, third persons singular and plural.

sentir:	**dormir:**	**seguir:**	**reírse:**
sentí	**dormí**	**seguí**	**me reí**
sentiste	**dormiste**	**seguiste**	**te reíste**
s*i*ntió	**d*u*rmió**	**s*i*guió**	**se r*i*ó**
sentimos	**dormimos**	**seguimos**	**nos reímos**
sentisteis	**dormisteis**	**seguisteis**	**os reísteis**
s*i*ntieron	**d*u*rmieron**	**s*i*guieron**	**se r*i*eron**

Other examples of these verbs in this chapter are **divertirse,** (Group II) and **repetir, despedirse, pedir, conseguir, servir, vestirse** (Group III). Don't forget that this change affects **usted** and **ustedes.**

B. **Seguir,** like **continuar,** is followed by the present participle and means 'to go on doing something.'

Mientras trabajaba, siguió hablando.
While she was working, she went on talking.

C. Many Spanish verbs take a preposition before a dependent infinitive. This should be carefully learnt with the verb in each case.

empezar *a* comer
ponerse *a* trabajar
ir *a* buscar
venir *a* ver
invitar *a* sentarse

alegrarse *de* saberlo
terminar *de* escribir
acabar *de* hablar

Verbs of beginning and verbs of motion take **a**; verbs of finishing take **de. Conseguir,** 'to succeed in' (doing something), 'to manage,' 'to manage to get,' does not take a preposition before an infinitive or a noun object.

Consiguió aprender a nadar.
He succeeded in learning how to swim.

Conseguí los billetes. I managed to get the tickets.

EJERCICIOS

A

I. Conjuguen ustedes:

1. Me divertí mucho anoche.
2. Repetí mis palabras.
3. Conseguí bailar con mi primo.

II. *Ejemplo:* hablar: hablan, hablaban, hablaron.

empezar	divertirse	acordarse	tener
decir	volver	envolver	traer
pedir	cerrar	soñar	oír
poner	servir	poder	querer
venir	morirse	reírse	saber

III. Completen ustedes estas frases con una preposición si es necesario:

1. No pudimos — ir al cine. 2. Empezó — leer el periódico. 3. Conseguimos — aprobar el examen. 4. Me invitaron — ir a su casa. 5. ¿Has terminado — llorar? 6. Acaba — salir de compras. 7. ¿Prefieres — ir solo o con tu tío? 8. No quiero — hacer tantos ejercicios. 9. De pronto se puso — correr. 10. Nos alegramos — verle aquí.

IV. Todos los verbos han perdido su terminación. ¿Pueden ustedes completarlos?

Un día Teresa y José sal— a la calle. Hac— buen tiempo, el sol brill—. Sub— la calle hasta la plaza del mercado, donde est— el cine. La puerta est— ab— y delante de ella hab— unas fotos de las películas que da— aquella semana. De pronto oy— un ruido detrás de ellos. Se volv— y vi— una vaca que sub— la calle corr—. Los dos chicos se pus— también a corr— porque ten— miedo. Entr— en el cine, pero la vaca les sigu—. La taquillera se pu— a grit— y por fin cog— el teléfono y llam— a la policía. Pronto lleg— los guardias y consig— cog— la vaca. Pero la taquillera sig— grit— largo rato. Los dos chicos sal— del cine y regres— a casa.

B

V. Contesten ustedes:

¿Cómo viajó usted la última vez que fue de vacaciones? ¿Le gusta más viajar en coche de línea o en tren? ¿Hay una estación de autobuses en su ciudad? ¿Dónde está? ¿Cómo es la estación de ferrocarril de su ciudad? ¿Cuántas millas hay desde su ciudad hasta Londres? ¿Ha pasado usted unas vacaciones en la capital, o en otra gran ciudad? ¿Cuánto tiempo estuvo usted allí? ¿Qué le gustó más? ¿Hay muchas iglesias en su ciudad de usted? ¿Cuántas hay? ¿Hay edificios hermosos? Describa usted su colegio.

VI. *Redacción*

(*a*) Una fiesta en Inglaterra.
(*b*) Imagínese que usted es Manolo. Cuente lo que pasó en la fiesta.

VII. Digan ustedes tres frases distintas en presente, futuro y pretérito, usando el verbo *seguir*. Hagan lo mismo con los verbos siguientes:

Servir, pedir, despedirse, divertirse, conseguir, reírse, dormir.

C

VIII. Traduzcan ustedes:

John's uncle and aunt lived in London. One day they wrote to his parents and invited him to spend a holiday at their house. John's parents agreed, so he put on his best suit, said goodbye to his father and mother and set off for[1] London by motor-coach. He asked the conductor for a ticket to London. Soon he felt that his eyes were closing,[2] and he slept (for) an hour. He succeeded in waking up at the stop where they served coffee, then he went on sleeping until[3] the coach arrived in London. He enjoyed himself there very much, and was sorry[4] when he had to go back home.

[1] *para*. [2] reflexive. [3] *hasta que*. [4] Insert *lo* before verb.

LECCIÓN SEXTA

UN VIAJE EN TREN (1)

Era el día 22 de diciembre. Como el trimestre había terminado el día 21, Teresa y José habían tenido tiempo de hacer las maletas y de prepararse para su viaje a Madrid. Puesto que el trimestre terminó el mismo día en el Instituto del tío Adolfo, éste había venido a pasar la noche del 21 en casa de la familia de Jiménez.

A las once de la mañana, todos bajaron a la estación del ferrocarril: los tres viajeros en taxi con doña María, Isabel y Antonio andando con Manolita y Vicente Rueda. Cuando bajaron del taxi, un mozo cogió el equipaje y todos entraron en la estación.

¡Qué jaleo! Aunque Castillohermoso no es una población grande, la estación estaba muy concurrida aquel día. Delante de las taquillas donde se sacan billetes, unos viajeros impacientes hacían cola y madres con niños en brazos, hombres de negocios con carteras, campesinos con cestas grandes y mozos con carretillas cargadas de equipaje corrían por todos lados.

En España se facturan siempre los baúles que se ponen en el furgón, pero como nuestros viajeros no tenían baúles, sino maletas, se dirigieron con doña María al andén donde iba a llegar el tren de Madrid y donde estaban ya esperándoles Isabel, Antonio y sus amigos, con don Pedro Jiménez, que había salido de la oficina durante media hora para despedir a sus hijos.

En el andén había mucha animación. Parecía que cada viajero estaba con un grupo numeroso de amigos que le habían acompañado a la estación. En la cantina, unos ganaderos tomaban vino tinto y en la sala de espera, una madre ansiosa daba consejos a sus hijas que iban a Madrid por primera vez.

De repente, se oyó la campana y poco después apareció la locomotora a lo lejos. Cuando el tren se paró en la estación, los viajeros que estaban esperando allí, subieron con prisa para coger asientos. Como nuestros amigos tenían ya sus reservas, siguieron tranquilamente al mozo que puso sus maletas en la red del departamento de segunda clase donde tenían sus asientos. Después, se asomaron a la ventanilla.

— ¡Adiós, hijos! — gritó don Pedro desde el andén.

— ¡A ver si nos escribís pronto, niños! — dijo doña María.

— ¡A ver si nos traéis algo de Madrid! — dijo Antonio.

— Os escribiremos al llegar — dijo Teresa.

— ¡Hasta la vuelta! — gritó José.

— ¡Feliz viaje! — gritaron otros que estaban en el andén. Luego se oyó un silbido, el jefe de estación agitó su bandera, y el tren se puso en marcha.

Para Teresa y José, que nunca habían hecho un viaje largo, todo era interesante: sus compañeros de viaje, el paisaje y los chicos que se veían en las estaciones vendiendo caramelos, bollos, cerveza y otras cosas.

— ¡Caramelos de café y leche! — gritaban algunos, y otros decían:

— ¡Hay cerveza fresca! ¡Bollitos muy ricos!

En la estación de Albacete, donde hay fábricas de cuchillería, estaban esperando el tren, como siempre, numerosos vendedores de todas clases de cuchillos y navajas. José se compró una navaja enorme como la de un bandido.

—¡No se puede pasar por Albacete sin comprar un cuchillo! — dijo.

Poco después de subir al tren, el tío había empezado a hablar con unos señores andaluces y sus hijos, Clarita, de siete años, y Pablo, de once años, que estaban sentados enfrente, de modo que nadie se aburrió en aquel departamento, excepto un señor en un rincón cerca del pasillo, que contestaba con gruñidos a todo lo que se le decía.

A eso de la una y media, la familia andaluza decidió almorzar. El padre bajó de la red una cesta grande que contenía cuchillos, platos, una tortilla, carne frita, pan, naranjas, una botella de vino y otra de gaseosa. La madre hizo bocadillos, poniendo una porción de tortilla y de carne entre dos trozos de pan para cada uno. Cuando todos tenían sus bocadillos, y antes de empezar a comer, el padre dijo a sus compañeros de viaje que no estaban comiendo:

— ¿Ustedes gustan?

Y ellos le contestaron:

— Muchas gracias. ¡Que aproveche!

(Siempre se ofrece la comida de esta manera en España por cortesía, pero no hay que aceptarla.)

Un poco más tarde, don Adolfo y sus sobrinos también almorzaron jamón, queso, pan y fruta. (No había coche restorán en ese tren.) Terminado el almuerzo, el tío durmió a ratos y los sobrinos leyeron, miraron por la ventanilla y charlaron, hasta que a las cinco y pico, Clarita, que se había asomado a la ventanilla, lanzó un grito:

— ¡Ay, ay! — y se echó a llorar. En el mismo instante se paró el tren en la estación de Alcázar de San Juan.

(*Continuará*)

NOTES

¿Ustedes gustan?: This may be translated by 'Will you have some?' When food is offered simply as a polite gesture as described in this lesson, this expression is always used, **gustar** here having the sense of **desear.** When food is genuinely offered at table or elsewhere, the verbs used are **desear** or **querer,** *e.g.*, **¿Desea usted más café?**

Muchas gracias. ¡Que aproveche!: 'No, thank you. May it do you good!' A Spaniard who is not eating usually says **¡Que aproveche!** to anyone whom he sees eating, whether the food has been offered to him or not.

VOCABULARY

el ferrocarril

el andén, platform
el asiento, seat
la campana, bell
la cantina, refreshment-room
la carretilla, barrow
el coche, coach (in train)
el coche restorán, dining-car
el departamento, compartment
el equipaje, luggage
el furgón, luggage-van
el jefe de estación, station-master
la locomotora, engine
la maleta, suit-case; **hacer la maleta,** to pack the case
el mozo, porter
la red, luggage-rack
la sala de espera, waiting-room
el silbido, whistle
la taquilla, booking-office
la ventanilla, train window
cargar, to load
despedir (i), to see off
facturar (un baúl), to register (a trunk)
ponerse en marcha, to move off

el almuerzo, lunch
la animación, stir, movement
la bandera, flag
el bandido, bandit
el bollito (*dim. of* **bollo**), little cake
la botella, bottle
el campesino, countryman, peasant
la cartera, brief-case
la cerveza, beer
la cesta, basket
la cola, queue; **hacer cola,** to queue
el consejo, advice
la cortesía, politeness, courtesy
la cuchillería, cutlery
la fábrica, factory
el gruñido, grunt
el grupo, group, party

el instante, instant
el jaleo, excitement, bustle
la naranja, orange
el paisaje, landscape

la prisa, haste
el taxi, taxi
la tortilla, omelette
la vuelta, return

aburrirse, to get bored
aceptar, to accept
agitar, to wave
almorzar (ue) jamón, to have ham for lunch

aparecer, to appear
aprovechar, to benefit
asomarse, to look out
bajar (*transitive*), to take down
contener, to contain

andaluz, -a, Andalusian
ansioso, -a, anxious
fresco, -a, cool
frito, -a, fried

impaciente, impatient
numeroso, -a, numerous
tinto, -a, red, dyed
tranquilamente, quietly

USEFUL EXPRESSIONS

a lo lejos, in the distance
a las cinco y pico, just after five o'clock (**un pico,** a small amount)
por primera vez, for the first time
por todos lados, in all directions
a ratos, at intervals
el tren de Madrid, the Madrid train
echarse a llorar, to burst into tears

QUESTIONS

1. ¿Qué tuvieron que hacer Teresa y José antes de ir a Madrid?
2. ¿Cómo fueron a la estación?
3. ¿Quiénes les acompañaron?
4. ¿Por qué estaba tan concurrida la estación?
5. ¿Qué se hace en las taquillas?
6. ¿Cómo llevan los mozos el equipaje?
7. ¿Qué tenían los campesinos en sus cestas?
8. ¿Dónde se ponen los baúles en el tren?
9. ¿Dónde se ponen las maletas?

Gigantes y cabezudos *Photo Sánchez, Alicaent*

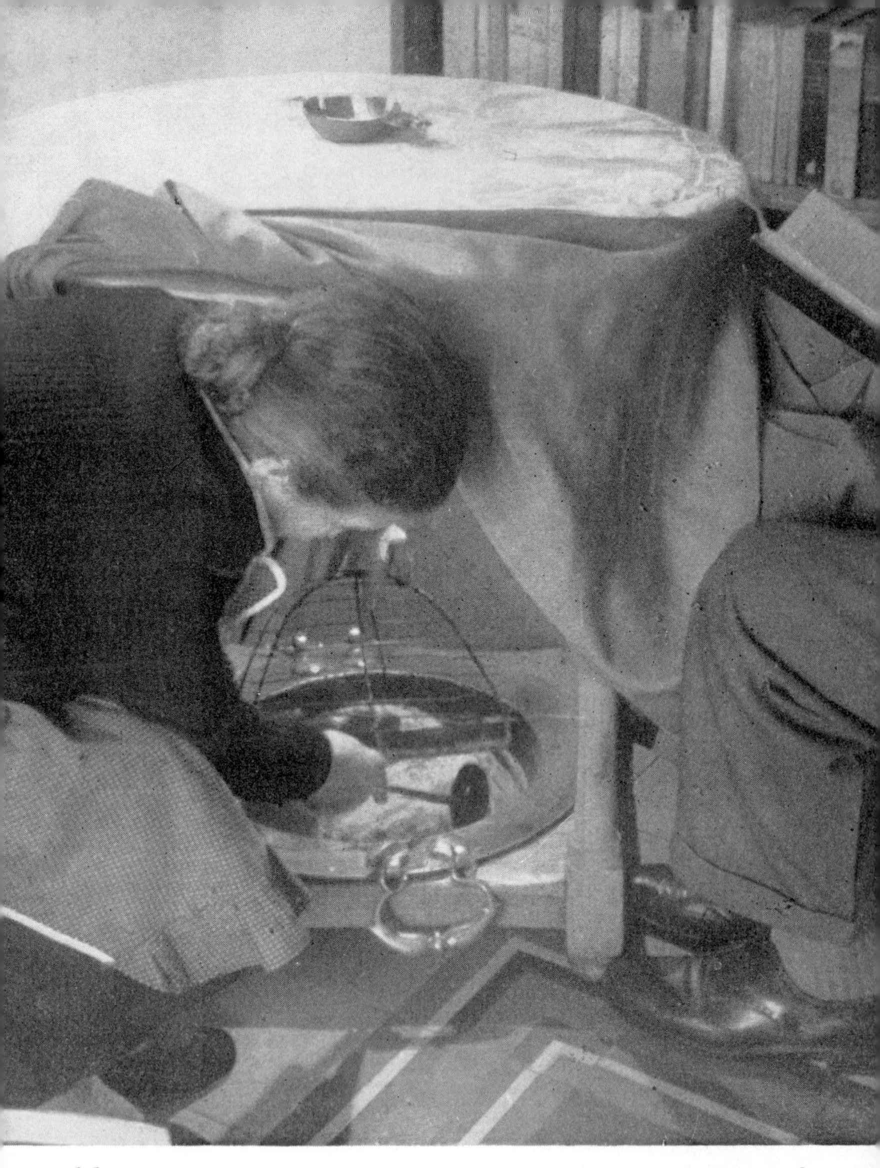

El brasero *By permission of Adolfo Álvarez*

10. ¿Por qué estaba don Pedro en el andén?
11. ¿Qué pasaba en la cantina?
12. ¿Cómo supieron que llegaba el tren?
13. ¿Por qué no subieron con prisa nuestros amigos?
14. ¿Cuándo iba a escribir Teresa?
15. ¿Qué pasó antes de salir el tren?
16. ¿Qué cosas se vendían en las estaciones?
17. ¿Por qué compró una navaja José?
18. ¿Quién se aburrió en el departamento?
19. ¿Por qué almorzaron en el departamento?
20. ¿Cómo pasaron el tiempo los chicos?

GRAMMAR

A. *The Pluperfect Tense* (*El Pluscuamperfecto*)

We have seen that 'I have gone' has an exact equivalent in the Spanish perfect tense: **he ido.** In the same way, 'I had gone' is rendered by the pluperfect tense in Spanish. It is formed with the imperfect tense of **haber** and the past participle.

hablar

había hablado	I had spoken
habías hablado	you had spoken
había hablado	he, she had spoken
habíamos hablado	we had spoken
habíais hablado	you had spoken
habían hablado	they had spoken

ver

había visto	I had seen
habías visto	you had seen
había visto	he, she had seen
habíamos visto	we had seen
habíais visto	you had seen
habían visto	they had seen

B. *Reflexive for Passive and Impersonal Reflexive*

It is quite possible to translate a passive verb in English by a passive in Spanish, but it is more often rendered by a reflexive construction.

Se venden caramelos. Sweets are sold.
Se sacan billetes. Tickets are bought.
La maleta se pone en la red. The suitcase is placed in the rack.

In these examples, **caramelos, billetes, la maleta** are the subjects of the sentences. When the subject is plural, the verb must be plural.

When the verb is intransitive, the *impersonal* form of the reflexive is used. In this case, the verb is always third person singular.

Se habla de muchas cosas. Many things are talked about.
Se ríe de estas cosas. These things are laughed at.

Note that besides its passive meaning, the impersonal reflexive also conveys the idea of an indefinite subject such as 'one,' 'we,' 'you,' 'they,' 'people,' where no particular person is meant—hence the name 'impersonal.'

Se dice que es rico.
It is said (they say) that he is rich.

No se puede pasar por Albacete.
One (you, people) cannot go through Albacete.

¿Se puede pasar?
May one come in? Is it possible to come in?

(This is what a Spaniard says when knocking at a door; it is usually reduced to **¿Se puede?**[1])

No se permite fumar.
No smoking allowed. People are not allowed to smoke.

Se ve que está malo.
You can see that he is unwell.

[1] The answer is *¡Pase usted!* or *¡Adelante!*

C. Very often a past participle standing alone in Spanish replaces a whole clause in English introduced by 'when' or 'after.'

Terminado el almuerzo, when lunch was over
Escritas las cartas, when, or after, the letters were written

Notice that in this case the past participle agrees with its subject.

D. **Todo** can never be immediately followed by **que.**

todo lo que, all that, everything that
todos los que, todas las que, all who, all those who

E. **El tren** ***de*** **Madrid,** the Madrid train, going *to* Madrid
The train *from* Madrid, **el tren procedente de Madrid**

EJERCICIOS

A

I. Conjuguen ustedes:

1. Había terminado de almorzar.
2. Había corrido por todas partes.
3. Me había dirigido al andén.

II. Pongan ustedes el verbo en pluscuamperfecto:

1. Yo no (tener) tiempo para ir a verle. 2. Todos (bajar) a la estación del ferrocarril. 3. José y Teresa (sacar) los billetes en la taquilla. 4. Nosotros (hacer) cola durante media hora. 5. El mozo (poner) el baúl en el furgón. 6. Vosotros (ir) a la cantina a buscar vino. 7. Tú y Antonio me (acompañar) a la estación. 8. Isabel (oír) la campana. 9. La locomotora (aparecer) a lo lejos. 10. Los niños (escribir) a sus padres desde Madrid.

III. *Ejemplo:* — carne en la carnicería: Se vende carne en la carnicería. (Otros verbos útiles: servir, poner, oír, poder, comer, etc.)

1. — billetes en la taquilla. 2. — los baúles en el furgón. 3. — pan en la panadería. 4. — vino tinto en la cantina. 5. — zapatos en la zapatería. 6. — la campana de la estación. 7. — la comida en el comedor. 8. — en el dormitorio. 9. No — fumar en el teatro. 10. No — bajar del tren mientras está en marcha.

IV. *Ejemplo:* No (permitir) fumar: No se permitió fumar.

1. (Decirme) que estaba aquí. 2. (Darle) de comer. 3. (Ver) que usted estaba cansado. 4. (Seguir) a los gigantes y enanos. 5. (Llamar) a la puerta. 6. (Saber) que había muerto. 7. No (poder) ver al rey. 8. No (beber) nada. 9. No (contestar) a todas aquellas preguntas. 10. (Verle) ayer en la calle.

V. Teresa habla:

— Estoy en la estación con José. Antes de venir al andén, hemos sacado los billetes en la taquilla. Mi tío llega corriendo — ha tenido que esperar al cartero antes de salir. Vemos a unos amigos con quienes hemos comido varias veces en Alicante. Charlamos un rato. Encontramos que hemos visitado el cine el mismo día sin vernos. Por fin oímos la campana de la locomotora que ya ha aparecido a lo lejos. Subimos juntos a nuestro departamento; nosotros hemos conseguido reservas y los amigos no, pero afortunadamente hay sitio para todos. Luego el tren se pone en marcha.

Ahora, cuenten ustedes a otra persona lo que dijo Teresa, empezando: «Teresa fue a la estación con José . . .» y poniendo los verbos en pretérito, en imperfecto o en pluscuamperfecto según el sentido.

B

VI. (*a*) ¿Qué hace: un mozo? un taquillero? un viajero? un ganadero? un jefe de estación?

(*b*) ¿Qué es: una ventanilla? un baúl? un taxi? el equipaje? una cartera? un campesino? una carretilla? una cantina? una red? una fábrica?

VII. *Redacción*

(*a*) Describan ustedes un viaje en tren — el departamento — los otros viajeros — el paisaje — la llegada.

(*b*) Hagan ustedes una descripción de una gran estación el día de empezar las vacaciones.

(*c*) Un almuerzo en el campo.

VIII. Miren ustedes el mapa de España.

¿Qué ciudad es la capital de España? ¿Dónde está Albacete? ¿Dónde está Valencia? ¿Qué frutas se exportan de Valencia? ¿Cómo se llaman las montañas que están al norte de Madrid? ¿Por qué ciudades pasa el río Ebro? ¿En qué río está Sevilla? ¿Qué provincia tiene Barcelona como capital? ¿Cómo se llaman las montañas que están entre Granada y el mar? ¿Cerca de qué ciudad se pasa generalmente la frontera entre Francia y España yendo a Madrid?

C

IX. Traduzcan ustedes al español:

I had always wished to visit this city; I had been told that it was very beautiful. But you can't always find the money for travelling, can you? I went out of the station and crossed the square. There was a market where many things were sold; I was offered flowers, potatoes, American cigarettes and a fountain-pen, but I bought nothing. It could be seen that there were many foreigners in the city, since I was spoken to in French, German and English! I had not had lunch in the dining-car, and now I was hungry. I went to a restaurant and ate on the terrace, watching the people in the square. When lunch was finished, I went to look for the hotel where I had booked a room by telephone. As may be imagined, I was very happy on finding that it was in a very beautiful street, and that nearby was a shop where newspapers and books were sold.

EN TREN

Yo, para todo viaje
— siempre sobre la madera
de mi vagón de tercera —,
voy ligero de equipaje.
Si es de noche, porque no
acostumbro a dormir yo,
y de día, por mirar
los arbolitos pasar,
yo nunca duermo en el tren,
y, sin embargo, voy bien.
¡Este placer de alejarse!
Londres, Madrid, Ponferrada,
tan lindos . . . para marcharse.
Lo molesto es la llegada.

. . . .

El tren camina y camina
y la máquina resuella,
y tose con tos ferina.
¡Vamos en una centella!

ANTONIO MACHADO

la madera, wood (wooden seat)
el vagón, carriage
ligero, -a, light
acostumbrar a dormir, to sleep generally
el arbolito (*dim. of* **árbol**)**,** little tree
el placer, pleasure
Londres, London

Ponferrada, a town in N.W. Spain near León
molesto, -a, troublesome; **lo molesto,** the troublesome part
la llegada, arrival
caminar, to journey on
la máquina, engine
resollar (ue), to snort, to puff
toser, to cough
la tos ferina, whooping-cough
la centella, flash, spark

LECCIÓN SÉPTIMA

UN VIAJE EN TREN (2)

—¿Qué hay?—preguntaron Pablo y su padre, inquietos.

—¿Qué te pasa, hija?—preguntó la madre, más inquieta aún.

Pero la más inquieta de la familia andaluza fue Clarita, que se quedó de pie cerca de la ventanilla, agitando los brazos y gritando:

—¡La he perdido! Se me ha caído la pulsera azul, la que me regaló la tía Enriqueta. ¡Ay! ¡Qué lástima!

Mientras tanto, unos viajeros que acababan de subir al tren en Alcázar andaban por el pasillo, buscando asiento; unos estaban charlando en voz alta, otros estaban llevando maletas tan pesadas que no podían hablar. Unas señoras francesas miraron por las ventanillas del departamento, pero al ver a la niña llorona, pasaron adelante. Unos muchachos jóvenes, más valientes que las señoras, abrieron la puerta y señalando el asiento de la niña, que seguía de pie, preguntaron:

— Perdón, ¿está libre ese asiento?

— Todos están ocupados, todos están ocupados — contestó el señor gruñón, mientras el tío Adolfo, que era más amable que su compañero de viaje, dijo:

— Lo siento, señores, pero no hay sitio.

Se marcharon los jóvenes y ya que Clarita seguía sollozando tanto como antes, sus padres, exasperados, se asomaron a la ventanilla y llamaron a la gente del andén. Al saber que la pulsera se había perdido, una señora mayor y otra joven que estaban esperando un tren, un mozo, varios niños — e incluso dos perros — se pusieron a buscar por el suelo. Pero los buscadores más entusiastas fueron Teresa y José que habían bajado del tren porque no podían aguantar más tiempo los sollozos de Clarita. Pero todo fue en vano; no apareció la pulsera, y después de una parada de diez minutos, se oyó el silbido del jefe de estación, Teresa y José subieron de prisa y el tren salió de nuevo.

—¡A ver si te callas, niña! — dijo el señor andaluz —. En Madrid te compraremos una pulsera mejor y más bonita que la otra.

Pero Clarita no se calló y José dijo en voz baja a Teresa y al tío:

— ¡Esta niña es peor que un niño de un año! Vamos a pasear un rato por el pasillo.

Poco después de salir del departamento, encontraron al señor gruñón que, como ellos, había salido en busca de tranquilidad.

— No vengan ustedes por aquí — dijo este señor, señalando el extremo del coche de donde venía —, pues allí hay un niño tan llorón como la niña de nuestro departamento.

En efecto, en uno de los departamentos, se oía a un niño que lloraba tanto como Clarita, pero en el momento de hablar el señor, cesaron los sollozos.

— ¡Caray! ¡Ya no llora! — exclamó José y, curioso, se acercó a la ventanilla del departamento del niño, seguido por Teresa.

Entre los ocho viajeros que estaban sentados dentro, había una señora con su hija mayor al lado y las dos tenían niños menores en las rodillas. Uno de estos niños estaba jugando con una pulsera azul y su madre, que parecía una señora muy habladora, estaba diciendo a los demás viajeros:

— ¡Miren ustedes! ¡Qué listo es mi Pepito! Ya no llora porque ha encontrado esta pulsera en mi bolsa — en esta bolsa verde, ¿ven ustedes? — ¡y yo no tenía idea de que estaba allí!

Al oír esto, Teresa decidió intervenir, y abriendo la puerta del departamento, dijo tan cortésmente como pudo a la señora habladora:

— Perdón, señora. ¿Subió usted al tren en Alcázar?

— Sí, señorita. Acabamos de subir Eustaquia, Sagrario, Pepito y yo, y vamos a Madrid donde esperamos encontrar a —

— Pues, mire usted — dijo Teresa, interrumpiéndola—, me parece que esa pulsera es de una niña de nuestro departamento.

Y Teresa le contó todo lo que había pasado en Alcázar de San Juan.

— ¡Ca! Eso hay que demostrarlo — replicó la madre del niño.

Mientras tanto, José fue a buscar a los señores andaluces, el señor gruñón fue por el revisor, que vino acompañado por dos guardias civiles que viajaban en otro coche; detrás de éstos vinieron por lo menos veinte viajeros curiosos. La señora de la bolsa verde, los señores andaluces, el tío Adolfo, el revisor y los guardias discutieron, protestaron, gesticularon, pero los más habladores de todos fueron los viajeros de detrás que no comprendían nada de lo que había pasado. Por fin, los andaluces y la señora charlatana llegaron a un acuerdo, pues parecía que un segundo antes de la parada del tren en Alcázar, la pulsera con que Clarita estaba jugando, se había caído desde la ventanilla del tren a la bolsa que la señora había dejado en el andén un momento. Pero el asunto aún no estaba concluido, porque cuando le quitaron la pulsera a Pepito, su tristeza fue mayor que la alegría de Clarita al tenerla de nuevo, y empezó el niño a llorar más ruidosamente que nunca.

— ¡Qué demonios! — exclamó José —. ¿Por qué no nos marchamos de aquí, tío?

Pero el tío, menos impaciente que su sobrino, buscando en su bolsillo, encontró un ángel de madera, pintado de azul, que había hecho un alumno suyo y que traía allí olvidado. Lo dio al niño y éste, al ver la figura, azul como la pulsera, se puso muy contento. Cesaron las lágrimas, volvieron todos a sus asientos y continuó el viaje sin más aventuras hasta las ocho y cuarto cuando el tren llegó por fin a Madrid, donde don Adolfo y sus sobrinos encontraron a «la abuelita», doña Josefina de Carrasco, que había salido a la estación de Atocha a esperarlos.

NOTE

Atocha: one of the main stations in Madrid.

VOCABULARY

la abuelita (*dim. of* **abuela**), granny, grandma
el acuerdo, agreement
el asunto, subject, matter
la busca, search
el buscador, searcher
el guardia civil, policeman, civil guard
la lágrima, tear
la lástima, pity
la madera, wood
la parada, stop (stopping-time)
el perdón, pardon; **¡Perdón!** I beg your pardon!
el revisor, ticket-collector (in train)
la rodilla, knee
el segundo, second
el sitio, place; **no hay sitio,** there's no room
el sollozo, sob
la tranquilidad, quiet
la tristeza, sadness

aguantar, to bear
cesar de (+*infin.*), to stop (+*verb*)
concluir, to conclude
demostrar (ue), to prove
discutir, to argue, to discuss
gesticular, to gesticulate
intervenir, to intervene
olvidar, to forget
perder (ie), to lose
pintar, to paint
protestar, to protest
replicar, to retort
señalar, to point to
sollozar, to sob

adelante, forward, on
aún, still
¡Ca! Nothing of the sort!
¡Caray! Well! Did you ever?
cortésmente, politely
curioso, -a, inquisitive
charlatán, -ana, very talkative
(los) (las) demás (*pron. & adj., plural only*), the other(s), the rest
¡Qué demonios! What on earth!
en efecto, indeed, in fact
entusiasta, enthusiastic
exasperado, -a, irritated
gruñón, -ona, grumpy
incluso, even
inquieto, -a, worried
llorón, -ona, crying
mayor, older, larger
menor, younger, smaller
de nuevo, again
peor, worse
pesado, -a, heavy
ruidosamente, noisily
en vano, in vain

USEFUL EXPRESSIONS

bajar del tren, to get out of the train
se me ha caído, I have dropped it
se te ha caído, you have dropped it, etc.
¿Qué hay? What's the matter?
más . . . que nunca, more . . . than ever
por lo menos, at least
salir a la estación a esperar a alguien, to meet someone at the station

QUESTIONS

1. ¿Por qué estaba tan inquieta Clarita?
2. ¿Cómo se había perdido la pulsera?
3. ¿Por qué andaban los viajeros por el pasillo?
4. ¿Qué preguntaron los jóvenes?
5. ¿De quién era el asiento que querían tomar?
6. ¿Quiénes buscaron la pulsera?
7. ¿Por qué bajaron Teresa y José?
8. ¿Cuánto tiempo estuvo parado el tren?
9. ¿Qué hicieron el tío y los chicos para no oír a Clarita?
10. ¿A quién encontraron? ¿Qué les dijo?
11. ¿Con qué jugaba el niño?
12. ¿De dónde venía la pulsera?
13. ¿Cómo intervino Teresa?
14. ¿Quiénes vinieron a decidir el caso?
15. ¿Quién habló más?
16. ¿Por qué se encontraba la pulsera en la bolsa?
17. ¿Se callaron los niños entonces?
18. ¿Por qué buscaba el tío Adolfo en su bolsillo?
19. ¿Qué pasó con el ángel?
20. ¿Quién les esperaba en la estación de Atocha?

GRAMMAR

A. *Feminine of Nouns and Adjectives*

1. Adjectives ending in **-o** in the masculine change it to **-a** in the feminine:

inquieto **inquieta** **contento** **contenta**

2. Adjectives ending in **-ón, -án, -or,** and all adjectives of nationality or locality add **-a** in the feminine:

llorón	**llorona**	**andaluz**	**andaluza**
hablador	**habladora**	**inglés**	**inglesa**
charlatán	**charlatana**		

But comparative adjectives, **mejor, peor, mayor, menor, superior,** (see below) do not change in the feminine.

3. Other adjectives keep the same form for masculine and feminine:

azul, valiente, entusiasta, socialista, etc.

4. These rules also apply to those nouns which have both a masculine and a feminine form:

el zapatero	**la zapatera**	**el profesor**	**la profesora**
el francés	**la francesa**		

There are many exceptions, however, which should be learnt as they are met with:

e.g., **el actor** **la actriz** **el toro** **la vaca**

B. *Plurals of Nouns and Adjectives*

1. Words ending in an unstressed vowel or **-é** add **-s:**

el libro	**los libros**	**el agua**	**las aguas**
el café	**los cafés**		

2. Those ending in a consonant, or a stressed vowel other than **-é,** add **-es:**

azul	**azules**	**hablador**	**habladores**
el rubí	**los rubíes**	**el baúl**	**los baúles**

Exceptions:

el papá	**los papás**	**la mamá**	**las mamás**
el sofá	**los sofás**		

3. Words with an unstressed last syllable ending in **-s** do not change at all.

el martes **los martes** **el atlas** **los atlas**
(but **inglés, ingles*es*,** because last syllable is stressed).

Note: **demás** is invariable:

las demás personas, the other people
los demás, the rest
lo demás, the rest (not referring to a previous noun)

4. Certain spelling-changes are necessary in the plural:

lápiz	**lápices**	**andaluz** **andaluces**
portugués	**portugueses**	(accent disappears in plural)
estación	**estaciones**	
joven	**jóvenes**	(accent added in plural)

C. *Comparison of Adjectives*

happy	happier	happiest
contento	**más contento**	**el más contento**
contenta	**más contenta**	**la más contenta**
contentos	**más contentos**	**los más contentos**
contentas	**más contentas**	**las más contentas**

If **el, la, los, las** already occur with the noun, there is no need to repeat them before the superlative.

Es el más grande. He is the biggest.
But: **El hombre más grande.** The biggest man.

Some irregular comparatives survive:

bueno	good	**mejor**	better	**el mejor**	best
malo	bad	**peor**	worse	**el peor**	worst

Grande and **pequeño** have a double comparison, thus:

grande	**más grande**	**el más grande**
	mayor	**el mayor**
pequeño	**más pequeño**	**el más pequeño**
	menor	**el menor**

Either (**el**) **mayor** or (**el**) **más grande** may be used for 'bigger, biggest.' (**El**) **mayor** also means 'older, oldest.'

(**El**) **menor** is less frequently used than (**el**) **más pequeño** in the sense of 'smaller, smallest.' In speaking of children, either can be used to mean 'younger, youngest,' but in speaking of adults, (**el**) **más joven** is more usual.

Mi hermano menor acaba de salir.
My younger brother has just gone out.

Su hermana es más pequeña que ella.
Her sister is younger than she is (speaking of a child).

Pero tu hermana es más joven que tú.
But your sister is younger than you (speaking of an adult).

Learn these constructions:

Este hombre es *más* **grande** *que* **aquél.**
This man is bigger than that one.

Este hombre es *menos* **grande** *que* **aquél.**
This man is not so big as (*i.e.*, less big than) that one.

Este hombre es *tan* **grande** *como* **aquél.**
This man is as big as that one.

Este cuento es *tan* **largo** *que* **no pude terminarlo.**
This tale is so long that I couldn't finish it.

El niño lloraba *tanto como* **antes.**
The child was weeping as much as before.

Contestó con *tanta* **cortesía** *como* **pudo.**
She answered with as much politeness as she could.

Es la calle más hermosa *de* **la ciudad.**
It is the most beautiful street *in* the town.
(**De** *must* be used for 'in' after superlatives.)

D. We already know that **acabo de** means 'I have just.' In the same way, **acababa de** means 'I had just.' No other tenses can be used with this construction.

E. **Concluir** is strongly affected by the rule that unstressed **i** between vowels changes to **y.** *See Appendix III, page* 252.

EJERCICIOS

A

I. Pongan ustedes en femenino:

1. Mi abuelo está muy inquieto.
2. El padre del niño llorón está muy contento.
3. ¡Qué listo es el hermano de Clarita!
4. Nuestro profesor de español es muy pesado.
5. Tu tío siempre está ocupado los sábados.
6. Su esposo es muy impaciente.
7. Este señor francés es demasiado charlatán.
8. El viajero inglés era bastante gruñón.
9. Aquel vendedor de periódicos es muy amable.
10. Fuimos al teatro a ver al bailador andaluz.
11. Es el mejor alumno de la clase.
12. El hijo menor se llama Pepito.
13. Ese perro es más inteligente que mi gato.
14. El toro blanco era muy bueno.
15. El famoso actor habló al ganadero.
16. El hombre más entusiasta de todos era viejo.
17. El señor Gómez es tan valiente como su sobrino.
18. Este niño es menos guapo que los demás.
19. Varios chicos exasperados fueron a ver al taquillero.
20. El peor jugador de todos es don Juan.

II. Pongan ustedes en plural:

1. Este señor pidió una corbata verde.
2. El ganadero tenía un gran vaso en la mano.
3. El profesor gruñón escribió con un lápiz colorado.
4. Ese libro inglés es tan pesado como aquel otro francés.
5. El mozo puso el baúl en su carretilla.
6. Esta actriz tuvo un papel muy importante.
7. El papá de ese niño tiene una casa grande.
8. El alumno del tío hizo un ángel azul.
9. ¿Por qué no envías una pulsera azul a tu abuela?
10. Continuó hablando al niño llorón.

III. *Ejemplo:* libro, grande: Este libro es grande, ése es más grande, pero el más grande de todos es aquél.

Ciudad, hermosa; soldado, valiente; niño, llorón; señora, amable; chica, bonita; muchacho, listo; señor, viejo; libro, bueno; taza, pequeña; clase, mala.

IV. Hagan ustedes tres frases así:

Este periódico, interesante, el otro:
Este periódico es tan interesante como el otro.
Este periódico es más interesante que el otro.
Este periódico es menos interesante que el otro.

1. Mi tío, alto, el tuyo. 2. Juan, listo, Antonio. 3. El chico, impaciente, su hermana. 4. Tu primo, pesado, el mío. 5. La obra, aburrida, la otra. 6. Nuestros negocios, importantes, los vuestros. 7. Esta playa, tranquila, la de Alicante. 8. El peluquero, hablador, la señora andaluza. 9. El instituto, enorme, colegio. 10. La calle, (estar), concurrida, la plaza.

B

V. *Redacción*

(*a*) Un señor hace un viaje en tren. Al pararse el tren, el señor baja y va a la cantina. Mientras está allí, el tren se pone en marcha, dejando al viajero en la cantina sin su equipaje. Va a quejarse al jefe de estación, que le da su equipaje, que está en el andén.

Hagan ustedes una composición contestando a estas preguntas: ¿Cómo se llamaba el señor? ¿Adónde iba? ¿Quiénes estaban en el departamento? ¿Cómo eran? ¿Por qué quiso bajar el viajero? ¿Qué pasó en la cantina? ¿Cómo dejó salir el tren? ¿Qué hizo el viajero? ¿Qué le dijo el jefe de estación? ¿Cómo tenía éste el equipaje del viajero?

(*b*) Usted pierde una cosa y la busca en todas partes. Por fin, la encuentra en el sitio menos esperado.

VI. Mi tío Zacarías dice . . .

. . . que los chicos de hoy tienen demasiado dinero.

. . . que las muchachas de hoy no ayudan a sus madres.

. . . que los perros son unos animales estúpidos que hacen mucho ruido y siempre ocupan el mejor sitio de la casa.

. . . que los gatos son unos pelmazos [*pests*] que siempre se ponen bajo los pies de la gente, y no sirven para nada.

. . . que los libros son cosas muy malas, y que cuando él era joven, la gente no sabía leer, y era más feliz.

¿Tiene razón o no? ¿Por qué?

C

VII. Traduzcan ustedes al español:

1. London is bigger than Madrid, but it is not as hot there in summer. 2. John is taller than Peter, but Peter is older. 3. Our house is the smallest in the street. 4. They haven't as much money as we (have), but they haven't worked as hard as we (have) either. 5. His exercise is better than mine, but it is worse than hers. 6. This street was the busiest in the town; I had just seen it for the first time. 7. His parents were so irritated that they looked out of the window. 8. Mary was the most beautiful girl in the room, but she could not sing. 9. I had just told him that I

couldn't bear it any longer. 10. The whistle was heard, the doors were closed, and the train started.

VIII. *Repaso*

Ejemplo: comer: comió, comía, había comido.

Ver; almorzar; despedir; charlar; poner; dormirse; alegrarse; dar; elegir; poder; seguir; echarse; repetir; ir; sentir; tener; decir; servir; venir; encontrarse.

LECCIÓN OCTAVA

EL BRASERO

A los ocho días de llegar a Madrid, Teresa y José se habían acostumbrado tanto a la vida de la capital que parecían ya verdaderos madrileños. Su abuela, doña Josefina de Carrasco, tenía un piso grande en la calle de Goya cerca de la estación del metro y como llevaba más de veinte años en la misma casa, tenía muchos amigos en Madrid y pudo presentar a sus nietos a varios chicos y chicas de su edad, con los cuales salían de vez en cuando. Con ellos visitaron el Palacio Real, desde el cual se ven el campo y la sierra, y pasearon por los barrios viejos, cuyas calles estrechas con antiguos edificios y pintorescos mesones les entusiasmaron. Con el tío Adolfo pasaron tres horas en el Museo del Prado — bastante tiempo, dijo el tío, para empezar a verlo, nada más. En Nochebuena, con la abuela y el tío, probaron la tradicional sopa de almendras, además de un pollo asado y otras cosas ricas preparadas por la abuela, que era muy buena cocinera. El día de Navidad, todos comieron en casa de unos amigos de la abuela y el día 26, Teresa y José fueron con otros chicos jóvenes a un baile en el que se divirtieron mucho.

Al día siguiente tenían sueño — lo que no es extraño después de tanta juerga — y por la tarde no salieron. Por lo tanto, estaban sentados con la abuela alrededor del brasero cuando el tío Adolfo, que había salido de visita, volvió a casa trayendo a un amigo suyo, don Alfredo Díaz, que era escultor. Teresa y José conocían ya a este señor en cuya casa había un estudio donde se podían ver las estatuas en las que estaba trabajando, y les gustaba mucho mirar sus obras y hacerle preguntas. A don Alfredo también le gustaba hablar con los sobrinos de su amigo y tomarles el pelo, de modo que, al verlos sentados en el salón, exclamó:

— ¡Cómo! ¿Qué estáis haciendo por aquí? Yo creía que habíais salido de juerga y os encuentro sentados como dos viejos. ¡Vaya perezosos!

— ¿Perezosos? ¡Ni hablar! — respondió José —. Estamos descansando para pasarlo mejor mañana.

— Y yo estoy escribiendo una carta a mi amiga inglesa para contarle lo que hacemos en Madrid, pero hemos visto tantas cosas que no sé cuáles le voy a contar.

— Tienes delante de ti un objeto muy interesante para un extranjero — dijo don Alfredo.

— ¿Cuál? — preguntó Teresa, sorprendida.

— ¡Hombre! ¡El brasero! — contestó don Alfredo —. Los ingleses tienen fuegos de chimenea delante de los cuales se reúnen las familias; como nosotros, tienen estufas eléctricas y de gas y en algunas casas hay calefacción central, pero no hay braseros.

— ¿Ah, no? Pues, ¿cuál es la mejor manera de empezar esta descripción? Aún no he puesto más que «Querida Margaret.»

— ¿Tienes que escribir tu carta en inglés?

— No, hoy tengo demasiado sueño para eso.

— Bueno. ¿A qué mesa estás sentada?

— A la mesa camilla.

— ¡Magnífico! Así empezamos la carta — dijo don Alfredo, y sentándose al lado de Teresa, cogió la pluma y en poco tiempo, había escrito el siguiente párrafo de la carta a Margaret:

«Como hace mucho más frío aquí que en Castillohermoso, estoy sentada a la mesa camilla. ¿Sabes qué es? Te lo voy a explicar. Es una mesa, generalmente redonda, debajo de la cual se coloca un brasero. Este brasero es un receptáculo de metal lleno de cisco que se enciende por la mañana y que arde durante el día, calentando la habitación y los pies de los que se sientan alrededor. Hay también braseros que se colocan en el suelo pero los que se ponen debajo de la mesa camilla son más corrientes, puesto que con éstos es mas fácil conservar el calor. Para hacer esto, se cubre la mesa con un tapete, cuyos extremos caen hasta el suelo y se llaman las faldas de la mesa. El brasero está cubierto por un protector de alambre porque no queremos quemarnos los pies. Cuando hay que remover el brasero, esto se hace con la badila, que es como una cuchara grande de metal.»

Al terminar de escribir don Alfredo, José le preguntó:

—¿De quién es esta máquina de retratar? Parece muy buena.

—Es mía — contestó el escultor, y después de pensar un momento, exclamó:

—¡Hombre! Has hecho bien en hablarme de la máquina. Como la tengo aquí con el «flash», voy a sacar una foto de doña Josefina removiendo el brasero con tu tío sentado a su lado. Así la amiga inglesa sabrá perfectamente qué es un brasero.

Doña Josefina y don Adolfo se sentaron a la mesa camilla y mientras aquélla removía el brasero, don Alfredo sacó una foto que Teresa envió después a Margaret en Inglaterra.

Ustedes también la pueden ver enfrente de la página 65.

NOTE

Museo del Prado: one of the most famous art galleries in the world.

VOCABULARY

el alambre, wire
la almendra, almond
la badila, poker for *brasero* (*see text of Lesson* VIII)
el barrio, quarter (of town)
el brasero, brazier
la calefacción, heating
el calor, heat
el campo, country
el cisco, charcoal
la cocinera, cook
la descripción, description
la edad, age
el escultor, sculptor
el estudio, studio
la estufa, fire (gas or electric)
el extranjero, foreigner
el flash, flash (for photography)
el fuego, fire
el gas, gas
la juerga, spree, binge
el madrileño, inhabitant of Madrid
la máquina de retratar, camera
el mesón, inn
el metal, metal
el metro(politano), underground railway
el objeto, object
la obra, work (of art)
la página, page
el palacio, palace
el párrafo, paragraph
el protector, guard
el receptáculo, receptacle
la sopa, soup
el sueño, sleep
el tapete, tablecloth (not for use at mealtimes)

acostumbrarse a, to grow accustomed to
arder, to burn
calentar (ie), to heat, to warm
conservar, to conserve
cubrir, to cover
descansar, to rest
encender (ie), to light
probar (ue), to taste
quemar, to burn (consume), to scorch
remover (ue), to poke (fire)
retratar, to portray
reunirse, to gather

antiguo, -a, old, ancient
aún no, not yet
central, central
¡Cómo! What!
corriente, common
demasiado, -a, too much, too many
estrecho, -a, narrow
perfectamente, perfectly
pintoresco, -a, picturesque
por lo tanto, therefore
tradicional, traditional
verdadero, -a, real

USEFUL EXPRESSIONS

al día siguiente, on the following day
¡Ni hablar! Not on your life!
hacer preguntas, to ask questions
pasarlo bien, to have a good time
sacar una foto, to take a photo
salir de visita, to go out visiting
tener sueño, to be sleepy
tomar el pelo a alguien, to pull someone's leg

QUESTIONS

1. ¿Por qué tenía la abuela muchos amigos en Madrid?
2. ¿Con quiénes salían Teresa y José?
3. ¿Qué sitios visitaron?
4. ¿Por qué no lo vieron todo en el Museo del Prado?
5. ¿Qué cosas comieron en Nochebuena?
6. ¿Por qué tenían sueño el 27 de diciembre?
7. ¿Cómo hacían para no tener frío?
8. ¿Quién era el amigo del tío?
9. ¿Qué se podía ver en su estudio?
10. ¿Qué hizo don Alfredo al ver a los chicos?
11. ¿Por qué les llamó perezosos?
12. ¿Qué hacía Teresa?
13. ¿Cómo se calientan las casas en Inglaterra y en España?
14. ¿Por qué no escribía Teresa su carta en inglés?
15. ¿Qué describió don Alfredo?
16. ¿Cómo es una mesa camilla?
17. ¿Qué se pone en el brasero?
18. ¿Cómo se conserva el calor?
19. ¿Con qué se remueve el brasero?
20. ¿Qué hicieron para enseñar a Margaret la mesa camilla y el brasero?

GRAMMAR

A. *Relative Pronouns and Adjectives*

1. **Que** is used as subject or object for persons and things.

La abuela, que era buena cocinera, preparó la cena.
Their grandmother, who was a good cook, got supper ready.

Probaron la sopa que había preparado la abuela.
They tried the soup that their grandmother had made.

2. After a preposition, **quien, quienes** is used for persons; or the following pronouns can be used for persons and things:

el cual, la cual, los cuales, las cuales	which, whom
el que, la que, los que, las que	which, whom

There is no difference in use between these pronouns, except that after **sin, por, tras** and any preposition of more than one syllable, **el cual** tends to be preferred to **el que.**

El hombre del que (de quien, del cual) hablamos.
The man of whom we are speaking.

Las estatuas en las que estaba trabajando.
The statues on which he was working.

Los fuegos de chimenea delante de los cuales se sienta la familia.
The open fires in front of which the family sits.

Note that when any of these pronouns is an object referring to a person, it must be preceded by **a.**

El hombre al que (a quien, al cual) miraba.
The man at whom he was looking.

(After **en** and **de, que** may be used instead of **el cual,** or **el que,** but in modern Spanish there is an increasing tendency to use the latter forms instead.)

3. **Lo que,** 'what,' 'that which,' is invariable, and refers to a clause or an idea, never to a noun. **Lo cual** may be used in the same way.

Al día siguiente, tenían sueño, lo que no es extraño.
The next day they were sleepy, which isn't surprising.

(Neither **día** nor **sueño** is the antecedent — it is the fact that they were sleepy that is the antecedent.)

Don Alfredo les tomó el pelo, lo cual no les gustó mucho.
Don Alfredo teased them, which didn't please them very much.

(**Lo cual** does not refer to **Don Alfredo** or to **el pelo,** but to the fact that he teased them.)

4. 'Whose' is rendered by **cuyo, cuya, cuyos, cuyas.** This is an adjective and agrees with the thing or person possessed, not with the possessor. It should not be used in questions.

Este señor, en cuya casa había un estudio . . .
This gentleman in whose house there was a studio . . .
Pasearon por los barrios viejos, cuyas casas les entusiasmaron.
They walked through the old districts, whose houses filled them with enthusiasm.

B. *Interrogatives*

1. **¿Quién? ¿Quiénes?** 'Who(m)?'

This refers to *persons* and may be subject, object or governed by a preposition.

¿Quién es don Alfredo? Who is Don Alfredo?
¿A quién vio usted? Whom did you see?
¿De quién es esta máquina? Whose camera is this?

Note that **¿de quién?** replaces **cuyo** in questions.

2. **¿Qué?** 'What?' refers to *things* and may be subject, object, or governed by a preposition.

¿Qué dices? What do you say?
¿Qué pasa? What is going on?
¿De qué estamos hablando? What are we talking about?

3. **¿Qué . . . ?** is also used as an adjective, meaning 'what?' or 'which?'

¿A qué mesa estás sentada? Which table are you sitting at?

4. **¿Cuál? ¿cuáles?** 'which?' is nearly always a pronoun,

and refers to persons or things. It often implies a choice, asking *which of* various things is wanted. It is hardly ever used as an adjective, so avoid placing it immediately before a noun.

¿A cuál de los dos conoce usted? Which of the two do you know?

¿Cuál es la mejor manera? Which is the best way?

But: **¿De qué casa hablas?** Of which house do you speak?

5. **¿Cuánto? ¿cuánta? ¿cuántos? ¿cuántas?** is an adjective or a pronoun, meaning 'how much?' 'how many?' It can refer to persons or things.

¿Cuánto dinero necesitas? How much money do you need?

¿Cuántas personas había? How many people were there?

6. **¿Cómo?** 'How?' **¿Cuándo?** 'When?' **¿Dónde?** 'Where?' are interrogative adverbs. With verbs of motion, **¿De dónde? ¿Adónde?** (**¿A dónde?**) are often needed.

¿Adónde vas? Where are you going?
¿De dónde vienes? Where do you come from?

7. Accented interrogative forms are used in indirect as well as in direct questions.

Hemos visto tantas cosas que no sé cuáles le voy a contar.

We have seen so many things that I don't know which to tell you about. (The direct question would be 'Which shall I tell you about?')

¿Sabes qué es? Do you know what it is? (The direct question would be 'What is it?')

Similarly:

Me pregunto cómo voy a hacerlo.

I wonder how I am going to do it.

¿Puedes decirme cuántas veces ha venido?

Can you tell me how often he has come?

C. *Idiomatic Expressions of Time*

A los cinco días de llegar. Five days after arriving.
Llevo veinte años en Madrid. I have lived in Madrid for twenty years.
Ya lleva media hora trabajando. He has already been working for half an hour.

EJERCICIOS

A

I. Pongan ustedes *quien*, *que*, *el cual*, *el que*, *cuyo*, etc.

1. Estábamos en el balcón, desde — veíamos toda la ciudad.
2. Visitaron a su abuela — tenía un piso en Madrid.
3. Visitaron a su abuela — piso estaba en Madrid.
4. Llegaron a la iglesia, detrás de — se veía el campo.
5. La casa en — vivían era muy hermosa.
6. Los chicos a — presentó a sus nietos eran simpáticos.
7. Llegó don Adolfo — amigo era escultor.
8. La mesa, alrededor de — estaban sentados, era redonda.
9. El estudio — vieron era grande.
10. Le presento a mi primo, en — casa acabo de comer.
11. El hombre a — miraron ustedes es mi tío.
12. Aquí está la badila con — se remueve el brasero.
13. Comieron muy rápidamente, — no gustó mucho a la cocinera.
14. Había dos habitaciones, en — dormían las dos hermanas.
15. La sopa tradicional — se come en Nochebuena es de almendras.
16. Los ingleses tienen fuegos de chimenea, sin — se tiene mucho frío.
17. Los franceses, — casas tienen calefacción central, no tienen tanto frío.
18. La amiga a — escribía vivía en Londres.

19. ¿Quiénes son las amigas con — ustedes fueron al teatro?
20. Las calles por — andábamos eran muy estrechas.

II. Hagan ustedes preguntas con estas frases, usando *quién*, *qué*, *cuál*, *cuánto*, *dónde*, *cómo*, etc.:

(*Ejemplo:* Juan es el amigo de Pedro: ¿Quién es el amigo de Pedro?)

1. Hay treinta alumnos en esta clase. 2. Me llamo García. 3. Estaban sentados con la abuela. 4. Aquélla es la casa de don Diego. 5. Hay un estudio en su casa. 6. Estamos sentados a la mesa camilla. 7. El bolso es de Teresa. 8. Teresa y José se calientan los pies. 9. Se cubre la mesa con un tapete. 10. José hace una pregunta a don Alfredo. 11. Éstas son las fotos de doña Josefina. 12. Teresa escribe una carta. 13. La carta es para su amiga inglesa. 14. Removían el brasero. 15. El brasero estaba debajo de la mesa. 16. El trimestre empieza en enero. 17. Los chicos fueron al baile. 18. Venían de Castillohermoso. 19. Los sombreros son de Teresa y José. 20. El brasero es un receptáculo de metal.

III. Pongan ustedes las palabras necesarias:

Teresa iba de compras para su abuela . . . necesitaba cosas para la cena.

— ¿. . . está la tienda? — preguntó Teresa.

— Hay dos aquí cerca, en la plaza en . . . vimos ayer a Don Alfredo.

— ¿. . . huevos necesitas?

— Media docena de huevos, con . . . haremos la tortilla.

— Y ¿. . . más?

— Dos kilos de patatas y un kilo de uvas.

— ¿. . . vienen a cenar?

— Unos amigos a . . . no conoces, pero . . . te van a gustar mucho.

—Y ¿a... de las dos tiendas voy, abuelita?

—A... está enfrente de la parada del tranvía. En la otra no siempre tienen las manos limpias,... no me gusta.

B

IV. Vamos a hablar de casas.

¿Cuántas habitaciones hay en su casa de usted? ¿Son grandes o pequeñas? ¿Cuál es la mayor habitación de la casa? ¿Tienen ustedes calefacción central? ¿Hay estufas eléctricas en su casa? ¿Qué le gusta más, una estufa de gas, o una eléctrica? ¿En qué habitación hay un fuego de chimenea? ¿Dónde vemos braseros en Inglaterra? ¿Qué da más calor, la calefacción central o el fuego? ¿Cuál de los dos prefiere usted? ¿Dónde usamos protectores de alambre en Inglaterra? ¿Para quiénes se necesitan, generalmente?

V. (*a*) ¿Qué es: una mesa camilla? un brasero? una badila? una estación del metro? un palacio? una sierra? un mesón? un estudio? una estatua? el cisco?

(*b*) Den ustedes lo contrario de: antiguo; estrecho; cubrir; calor; cesar; perder; mayor; peor; paciente; bajar; antes; mucho.

VI. *Redacción*

(*a*) Usted visita un museo. ¿Dónde está? ¿Qué cosas hay dentro? ¿Qué le interesa más y por qué?

(*b*) Un paseo por una ciudad que usted ha visitado.

C

VII. Traduzcan ustedes al español:

"Good morning, María! How are you today?"

"Better, thank you. The doctor I saw yesterday says that I can go out this afternoon."

"Who is he?"

"The one who lives in the white house near the church."

"But there are two doctors there. Which of the two did you see?"

"The one I saw was tall and dark. He had a blue pencil with which he was playing while he was talking to me."

"I don't know who he is. How many times has he been to see you?"

"Three times. You must ask your mother what his name is."

"Well, I must go now. The streets through which I have to go are always busy, which is a pity, because I am in a hurry. Goodbye, María."

"Goodbye, Lucía, until tomorrow."

VIII. *Repaso*

Traduzcan ustedes al español:

Some red flowers; these beautiful rubies; the other sofas; every Monday; all the other ladies; the prettiest girl in the room; the eldest son; the youngest daughter; the worst moments; a brave woman.

LECCIÓN NOVENA

EN LA ZAPATERÍA

Había empezado a hacer mucho frío en Castilla la Nueva. Por las mañanas había hielo en el estanque del parque del Retiro y el suelo estaba blanco de escarcha. Aún no había nevado pero soplaba un viento glacial y todo el mundo temblaba de frío por las calles.

El día 28 de diciembre por la tarde, Teresa y José estaban paseando con el tío Adolfo por la Plaza de las Cortes. El cielo estaba cubierto y hacía tanto frío que la abuela no había salido. A pesar del tiempo, el tío y sus sobrinos se detuvieron un momento delante de la estatua de Cervantes y estaban mirándola cuando empezaron a caer unos copos de nieve.

— ¡Canastos! Ya os dije que nevaría antes del Año Nuevo — dijo don Adolfo —. Ahora, José, tendremos que comprarte unos zapatos gruesos. Como los tuyos son un poco viejos, tu madre me dijo que convendría comprarte unos nuevos por si acaso. Ahora que está nevando tendremos que ir en seguida por ellos a la zapatería.

Aunque José dijo que se aburriría mucho haciendo compras, el tío insistió y los tres se dirigieron hacia la Puerta del Sol. En la esquina de la calle del Carmen, Teresa se detuvo:

— Tengo que dejaros aquí para ir a la peluquería — dijo —; cuando les llamé por teléfono esta mañana, me dijeron que podrían lavarme el pelo a las cinco de la tarde.

— Muy bien, hija, ya dije a tu madre que volverías a

Castillohermoso muy elegante — dijo don Adolfo —. ¡Adiós, hasta luego!

Se marchó Teresa a la peluquería de señoras y José y su tío entraron en una zapatería. El dependiente, después de preguntarle a José qué número gastaba, le trajo varios pares de zapatos y se los probó José, pero no le gustaron ningunos. Unos le apretaban, otros eran demasiado anchos; unos le parecían muy claros y otros eran demasiado oscuros.

— ¿Acaso le gustaría probarse éstos con suelas de goma? — dijo el dependiente.

— ¿Cuánto valen? — preguntó el tío.

— 650 pesetas — contestó el dependiente —. Son zapatos estupendos hechos por la mejor casa de Mallorca.

— Es verdad que son muy cómodos — dijo José, después de probárselos — pero este modelo le iría mejor a un artista de cine que a mí, ¿no?

— ¡Más bajo, por favor! — murmuró el dependiente, que se había puesto de repente muy nervioso.

— ¿Qué pasa? — preguntó don Adolfo.

José, muy sorprendido, echó una mirada alrededor de la tienda, pero en la sección de señores no vio más que tres dependientes y dos clientes que estaban mirando unas botas de esquí. Uno de éstos había levantado la cabeza al oír lo que decía José y ahora se acercó al chico y a su tío. Dirigiéndose al pobre dependiente, que se estaba poniendo cada vez más nervioso, dijo:

— Buenas tardes. Oí lo que dijo este joven acerca de los artistas de cine, pero no se preocupe usted, no me ofendí por eso. Me parece que este muchacho y yo somos amigos ya. Es usted de Castillohermoso ¿verdad, chico? ¿No se acuerda del día que usted y su amigo me enseñaron el camino del castillo? Como ya no llevo barba, le pareceré distinto, pero nos conocemos ¿verdad?

Entonces José le reconoció. Era don Cristóbal Paniagua, el gran astro de la pantalla a quien él y Vicente Rueda habían encontrado en la calle de Castillohermoso el Sábado de Gloria anterior. José saludó al señor Paniagua y presentó a su tío al artista. Los dos señores se estrecharon la mano y luego don Cristóbal, riéndose, dijo a José:

— Si esos zapatos le van bien, cómprelos, porque son muy buenos, y nadie le tomará por un artista de cine. Mire, los míos tienen suelas de cuero y son muy distintos ¿no? Y ahora — continuó el artista, sin dejar a José tiempo para contestar — me tengo que marchar. Adiós, señores. Encantado de volver a verle, chico.

— Adiós, señor — dijo José.

— Adiós, y gracias por sus consejos! — dijo don Adolfo y el artista se alejó.

Convencidos por don Cristóbal, José y su tío eligieron los zapatos de las suelas de goma aunque tuvieron que pagar 650 pesetas por ellos. Al salir a la calle, José exclamó:

— ¡Qué suerte! Nunca creía que volvería a ver a don Cristóbal.

— ¡Y la pobre Teresa, que está loca por él, ha perdido por segunda vez la ocasión de verle! — dijo el tío.

— Eso es por querer tener el pelo rizado — replicó José — «Quien quiere presumir tiene que sufrir!»

NOTES

Castilla la Nueva: the southern part of Castilla, the central region of Spain extending from the northern edge of the central plateau to south of Madrid (*see map*). It was one of the principal kingdoms of medieval Spain and its language came to be the official form of Spanish, which may, therefore, be referred to as **el castellano** or **el español.**

Retiro: the main park in Madrid.

Miguel de Cervantes (1547–1616): the author of *Don Quijote de la Mancha* (Don Quixote).

Puerta del Sol: the central square in Madrid. It derives its name from an old gateway on the site which faced the east.

Mallorca: Majorca, the largest of the Balearic islands. Shoes manufactured in Majorca are considered to be of very good quality.

VOCABULARY

el tiempo

el cielo, sky
el copo de nieve, snow-flake
la escarcha, frost
el hielo, ice
la nieve, snow
el viento, wind
helar (ie), to freeze
nevar (ie), to snow
soplar, to blow
temblar (ie) de frío, to shiver
cubierto, (of sky) overcast
glacial, icy

la zapatería

la bota (de esquí), (ski-)boot
el cuero, leather
el dependiente, assistant
el modelo, style
el número, size (of shoes)
el par, pair
la sección, department
la suela, sole (of shoe)

apretar (ie), to press, to squeeze
gastar, to wear
ir bien a, to suit
probarse (ue), to try on

cómodo, -a, comfortable
grueso, -a, thick (of garments and shoes)

el artista de cine, film actor
el astro de la pantalla, film star (*masc.*) (**la pantalla,** screen)
la casa, firm

el estanque, pond
la mirada, look
la ocasión, opportunity
la suerte, luck

convenir, to be suitable; **convendría** (+*inf.*), it would be a good idea to . . .
dirigirse a, to address
insistir (en), to insist (on)

ofenderse, to be offended
preocuparse, to worry
presumir, to be proud of oneself, show off
sufrir, to suffer

acaso, perhaps
acerca de, about, concerning
anterior, former, previous
bajo, in a low voice
¡Canastos! Well, I'm blowed!
distinto, -a, different

elegante, elegant
loco, -a, mad
nervioso, -a, embarrassed, nervous
rizado, -a, curly

USEFUL EXPRESSIONS

echar una mirada, to cast a glance
estrechar la mano a alguien, to shake hands with someone
cada vez más, more and more
por si acaso, just in case

QUESTIONS

1. ¿Por qué no había salido la abuela?
2. ¿Dónde estaban los chicos y el tío cuando empezó a nevar?
3. ¿Por qué necesitaba José zapatos gruesos?
4. ¿Dónde dejó Teresa a los demás?
5. ¿Cómo eran los zapatos más cómodos?
6. ¿Por qué se puso nervioso el dependiente?
7. ¿Dónde se habían conocido don Cristóbal y José?

8. ¿Por qué no le había reconocido José?
9. ¿Cómo eran los zapatos que llevaba don Cristóbal?
10. ¿Cuánto tuvieron que pagar por los de José?
11. ¿Por qué dijo José «pobre Teresa»?
12. ¿Dónde estaba Teresa?
13. ¿Qué se hace en una peluquería de señoras?
14. ¿Prefiere usted las suelas de goma o las de cuero?
15. ¿Dónde y cuándo se hace esquí?
16. ¿Cómo son las botas de esquí?

GRAMMAR

A. *The Conditional*

This tense means 'I should do,' 'you would do,' etc. It is formed by adding to the infinitive the imperfect endings for **-er** and **-ir** verbs.

empezar

empezaría	I should begin
empezarías	you would begin
empezaría	he, she would begin
empezaríamos	we should begin
empezaríais	you would begin
empezarían	they would begin

caer

caería	I should fall
caerías	you would fall
caería	he, she would fall
caeríamos	we should fall
caeríais	you would fall
caerían	they would fall

Verbs which have an irregular stem in the future tense keep the same stem for the conditional:

Infinitive	*Future*	*Conditional*
decir	**diré**	**diría**
haber	**habré**	**habría**

hacer	**haré**	**haría**
poder	**podré**	**podría**
poner	**pondré**	**pondría**
querer	**querré**	**querría**
salir	**saldré**	**saldría**
tener	**tendré**	**tendría**
valer	**valdré**	**valdría**
venir	**vendré**	**vendría**

Note that the conditional of **deber, debería** means 'ought.'

B. **Para** *and* **por**

These prepositions are frequently confused.

Para means 'for,' 'in order to.' It shows:

1. Purpose.
   Os dejo para ir a la peluquería. ... in order to go ...

2. Intention.
   Estos zapatos son para mí. ... (intended) for me.

3. Destination.
   Salieron para Madrid. ... for Madrid.

Por means 'by,' 'for,' 'through.' It has many uses:

1. Agent.
   Hechos por la mejor casa. ... by the best firm.

2. Exchange.
   Pagaron 650 pesetas por los zapatos. ... (in exchange) for ...

3. Reason.
   Eso es por querer tener el pelo rizado. ... for wishing (*i.e.*, because of wishing) ...

4. Manner.
   Los llamé por teléfono. ... by telephone (how I called them).

5. Immediate object.
Tendremos que ir por ellos a la zapatería. ... for them (*i.e.*, to fetch them) ...

6. Route.
Por las calles, por la plaza, through ..., by way of ...

7. Miscellaneous.
Tomar por, to take for; **estar loco por,** to be crazy about; **por segunda vez,** for the second time; **por si acaso,** just in case.

N.B. **¿Por qué?** Why? For what reason?
¿Para qué? Why? For what purpose?

C. *Order of words in Questions and Inversions*

We already know that to form a question, we usually place the subject after the verb. Here are some useful points to bear in mind when there is an object or a predicate adjective after the verb as well.

1. If the subject is a pronoun, it usually comes immediately after the verb.

¿Tiene usted zapatos?
¿Está usted cansado?

2. A noun subject usually comes after the object or predicate adjective:

¿Compraron zapatos los chicos?
¿Está cansado don Alfredo?

3. But if the object is longer than the subject, the subject tends to come first:

¿Vio José al gran astro de la pantalla?

You have probably already noticed that sentences are often inverted in this way in Spanish whether they are questions or not, as a matter of style and emphasis. This is an important reason for using the inverted question-mark (**principio de interrogación**) to show that it is a question that is coming, and not just an inverted sentence.

D. **Volver a**

A very common way of expressing 'to do something again' is to use **volver a** + the infinitive.

Volvió a verle. He saw him again.
Volvieron a mirar la estatua. They looked at the statue again.

EJERCICIOS

A

I. Conjuguen ustedes:

1. Gastaría zapatos nuevos.
2. Volvería a visitarlos.
3. Iría a saludar a mi tío.
4. No querría aburrirme.

II. Pongan ustedes el verbo en condicional:

1. Me dijo que (él, ir) mañana.
2. Hacía frío, (haber) hielo en el estanque.
3. Había dicho su mamá que José (tener) que comprar zapatos gruesos.
4. Dijeron que nos (llamar) por teléfono.
5. ¿Le (gustar) a usted tomar café?
6. No sabía cuánto (valer) estas botas.
7. José no le (reconocer) con barba.
8. Teresa (estar) encantada de verle.
9. Me pregunto qué (decir) tu madre.
10. Sé lo que (nosotros, hacer) en este caso.
11. El tío estaba seguro de que (nevar) antes del Año Nuevo.
12. El dependiente dijo que (traerles) varios pares de zapatos.
13. Ellas no (poder) salir a la calle porque estaba lloviendo.
14. Escribió que (poner) sus zapatos nuevos para volver.
15. Vosotros (deber) ir a ver a vuestra abuela.

III. Pongan ustedes *para* o *por:*

1. — ir a Madrid, tenemos que pasar — Burgos.
2. ¿ — quién compraste estas uvas?
3. ¿Cuánto diste — tu nuevo coche?
4. Ayer la vi — primera vez.
5. Siempre se cansa — correr demasiado.
6. Le enviaré el paquete — mi tío — correo [*post*].
7. ¿Necesitan tinta? Voy — ella en seguida.
8. — aprobar el examen, hay que trabajar mucho.
9. Muchas gracias — su carta.
10. ¿— qué vais al colegio? Vais — estudiar, y no — jugar.
11. Llegamos tarde — no tener reloj.
12. La carta escrita — Teresa era muy larga.
13. ¡Los niños tuvieron miedo! ¡Me tomaron — su profesor!
14. El vino no es — mí, es — él.
15. Durante dos horas anduvimos — las calles.

IV. Hagan ustedes preguntas con estas frases:

1. Usted ha visto a mis tíos. 2. El agua está fría. 3. Manolo está escribiendo cartas. 4. Teresa tiene el pelo rizado. 5. Los chicos vieron a sus amigos de Madrid. 6. Estos lápices son azules. 7. El hombre vendía periódicos. 8. No, tú no estás enfermo. 9. Su padre tiene libros muy grandes. 10. El dependiente se puso nervioso.

V. Busquen ustedes en la lección novena las frases invertidas sin ser preguntas, y hagan una lista de ellas.

B

VI. *Redacción*

(*a*) Usted entra en una zapatería para comprar zapatos. El dependiente — usted prueba zapatos — cómo son — usted ve a un amigo o a una amiga en la tienda — la conversación.

(*b*) Un paseo por la nieve.

VII. Miren ustedes otra vez el mapa de España.

(*a*) ¿Cuántos kilómetros hay (1) desde Irún hasta Madrid? (2) desde Madrid hasta Barcelona? (3) desde Córdoba hasta Sevilla? (4) desde Granada hasta Valencia? (Cinco millas son ocho kilómetros.)

(*b*) ¿Cuáles son los mayores puertos del Mediterráneo?

(*c*) ¿Cuáles son los mayores puertos del Océano?

C

VIII. Traduzcan ustedes al español:

"I thought it would snow," said Mary, "and now you see — it is snowing!"

Her younger brother Peter looked through the window and saw that all the fields were white. "What a pity!" he replied. "And I told the farmer I should go and[1] help him today. But if I go in[2] this snow, what should I be able to do?"

"You ought to buy yourself a pair of thick shoes, Peter," said his sister. "Then you would be able to go and see."

Peter looked at his shoes. The soles were not very thick. But to buy shoes, he would have to go to the village for them, through the snow, and it was in order to go through the snow that he needed them!

"If I were you,"[3] said Mary, "I should stay at home and read a book. You would do nothing in the fields in[2] this weather!"

[1] Say "go *to* help" [2] *con* [3] *yo que tú*

LECCIÓN DÉCIMA

LA PELUQUERIA DE SEÑORAS

Cuando Teresa llegó a la pequeña peluquería no muy lejos de casa, cuya dueña era amiga de su abuela, una de las peluqueras se acercó a ella:

— ¿Qué desea, señorita? — le dijo.

— Me dijeron esta mañana por teléfono que la señorita Dolores podría atenderme a las cinco.

— Ah, es usted la nieta de doña Josefina, ¿no? Siéntese un momentito, por favor.

Teresa se sentó y mientras esperaba, oyó a una señora que decía a una de las peluqueras:

— ¡No, no! ¡Quite usted la foto de esa estrella! No quiero tener el mismo peinado que ella. Quiero que me peine usted como la chica rubia que trabaja aquí, la que tiene ondas por encima y rizos por detrás. ¡Qué guapa es!

La señora que hablaba tenía una voz muy rara, entre alta y baja.

— Bueno, señora, pero tiene usted un pelo muy liso; si quiere, le haremos una permanente.

— ¡No, no! ¡No quiero que me hagan una permanente! Sólo quiero un peinado como el de la chica.

— Perdone usted, señora, pero prefiero que hable usted primero con doña Eulalia, la dueña.

— Bueno, vaya usted por ella, y que venga pronto, ¿eh? Tengo prisa.

Teresa no pudo oír más, pues en ese momento apareció la señorita Dolores.

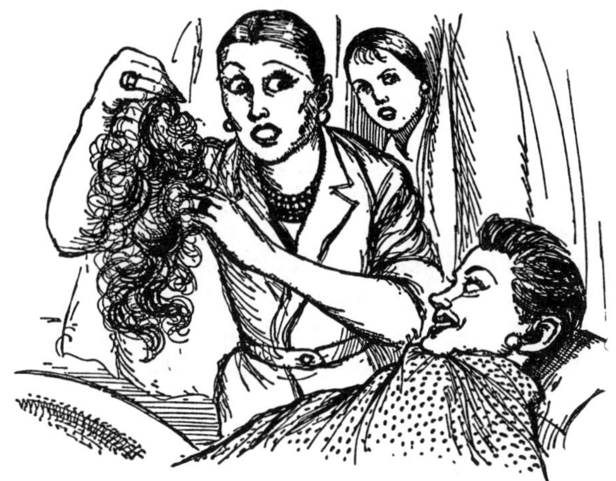

— Buenos días, señorita — dijo —. Desea que le lavemos la cabeza y la marquemos ¿verdad? Por favor, pase usted por aquí.

Cuando Teresa estaba sentada, la peluquera le preguntó:

— ¿Quiere que le corte el pelo primero?

— Córtemelo un poco, por favor, pero no quiero que sea muy corto.

Después de cortarle el pelo a Teresa, la peluquera llamó a una chica rubia que vino a lavárselo y mientras echaba el agua, empezó a hablar en voz baja:

— ¡Qué gracia tiene esa señora! Es una vieja muy fea de pelo gris y ¡quiere que le hagamos un peinado como el mío! Está dando la lata a la pobre Emilia.

— ¡Cuidado! — dijo Teresa —. ¡Que no oiga la señora lo que decimos!

— ¡No se preocupe usted! Como han puesto el secador a la señora de al lado, no se oye nada.

La chica había empezado a lavarle el pelo a Teresa cuando se oyeron fuertes gritos en otra parte de la peluquería. Alguien quitó el secador y todas escucharon asustadas a la señorita Emilia que gritaba, desesperada:

— ¡Ay, ay! Le he arrancado el pelo a la señora! ¡Madre mía! ¡Doña Eulalia! ¡Qué susto! ¡Ay, ay—!

— Cálmese usted, Emilia — dijo doña Eulalia—. No le ha arrancado el pelo a la señora pues ese pelo que tiene usted en la mano no es más que una peluca, y la señora es mi sobrino Lorenzo, que es más travieso que no sé qué, y ha venido aquí vestido de mujer para gastarnos una broma.

— ¿Es posible? Pues, ¡fíjese! Cuando empecé a peinarle, se le cayó todo el pelo y me asusté tanto que no me di cuenta de que era una peluca — exclamó Emilia, y todas se echaron a reír.

La chica que atendía a Teresa la había dejado con el pelo mojado para ir a ver lo que pasaba, y al ver a todas sus empleadas reunidas alrededor de la supuesta señora, doña Eulalia las riñó:

— ¡Vamos! ¿Qué hacen todas ustedes aquí paradas? ¡Atiendan a las clientes en seguida! No quiero que todas tengan que esperar por culpa de este chico. Y tú, Lorenzo, pedazo de bruto, ¿no tienes otra manera de divertirte durante tus vacaciones que venir a darnos la lata a nosotras?

Y se oyó a Lorenzo que contestaba:

— Fue una apuesta con un chico que me dijo que no me atrevería a venir aquí vestido de señora, y además que era un cobarde si no venía.

— Conque una apuesta ¿eh? Pues, ¡largo de aquí si no quieres que te dé una paliza! ¡A ver si te cogen los guardias con tus vestidos de mujer!

Teresa no pudo oír más. La chica terminó de lavarle el pelo y cuando vino Dolores a marcárselo, le dijo:

— Quiere que le ponga unos rizos por delante ¿verdad? ¡No se preocupe, la dejaré muy guapa y todos los chicos le dirán piropos!

En efecto, Teresa salió de la peluquería muy contenta de su nuevo peinado y riéndose todavía del episodio del chico vestido de señora, pero aún no sabía que en su ausencia, su hermano había tenido la gran suerte de hablar por segunda vez con don Cristóbal Paniagua en persona.

VOCABULARY

la peluquería de señoras

la onda, wave
el peinado, hair-style
la peluca, wig
la permanente, permanent wave
el rizo, curl
el secador, dryer (**secar,** to dry; **seco, -a,** dry)
atender (ie) a, to attend to, to serve
cortar, to cut
lavar, to wash
marcar, to set (hair)
liso, -a, straight (of hair)
mojado, -a, wet

la apuesta, bet
la broma, joke, trick
el cobarde, coward
la culpa, blame
la dueña, proprietress
el episodio, episode
la estrella (de cine), (film) star (*f.*)
el momentito (*dim. of* **momento**), half a minute
la paliza, thrashing
¡Pedazo de bruto! Idiot!
el piropo, compliment (paid to a girl)

arrancar, to pull out
asustarse, to be scared
atreverse a, to dare (to)
calmarse, to calm down
darse cuenta de (que), to realise (that)
fijarse (en), to notice; **¡Fíjese!** Just imagine!
quitar, to turn off
reñir (i) (*preterite third sing. & pl.* **riñó, riñeron**), to scold (*see Lesson XV, Grammar, D*)

alto, -a, high
conque, and so
fuerte, loud, strong
¡largo de aquí! clear off!
parado, -a, standing
supuesto, -a (*from* **suponer**), supposed
travieso, -a, unruly, mischievous; **más travieso que no sé qué,** the world's worst terror

USEFUL EXPRESSIONS

dar la lata a alguien, to bother or pester someone (**la lata,** tin, can)
gastar una broma a alguien, to play a trick on someone
tener prisa, to be in a hurry
¡Vamos! Come on!

QUESTIONS

1. ¿Por qué fue Teresa a esta pequeña peluquería?
2. ¿Cómo se peinaba la chica rubia?
3. ¿Por qué quería la peluquera hacer una permanente a la señora?
4. ¿Quién atendía a Teresa? ¿Qué le hizo primero?
5. ¿Cómo era la señora?
6. ¿Por qué no oía nada la señora?
7. ¿Por qué gritó Emilia?
8. ¿Quién era la supuesta señora?
9. ¿Por qué se le había caído el pelo?
10. ¿Qué hicieron las empleadas?
11. ¿Qué explicación les dio Lorenzo?
12. ¿Cómo había podido entrar Lorenzo en la peluquería?
13. ¿Estaba contenta Teresa?
14. ¿Qué había pasado en su ausencia?
15. ¿Cuántas empleadas (o cuántos empleados) hay en su peluquería de usted?
16. ¿Se ven muchas veces hombres en las peluquerías de señoras?

GRAMMAR

The Subjunctive Mood

All the tenses we have so far used belong to the indicative

mood. We now have to consider the subjunctive mood, which is very important in Spanish, though it has practically disappeared from English. (It survives mainly in clauses such as 'if I were going' or 'if it be true,' where the indicative would be 'I was going' or 'it is true.')

The present tense of the subjunctive is formed by taking the stem of the *first person singular* of the present indicative, and adding the endings thus:

habl*ar*:	**ten*er*:**	***oír*:**
habl*e*	**teng*a***	**oig*a***
habl*es*	**teng*as***	**oig*as***
habl*e*	**teng*a***	**oig*a***
habl*emos*	**teng*amos***	**oig*amos***
habl*éis*	**teng*áis***	**oig*áis***
habl*en*	**teng*an***	**oig*an***

The following verbs have irregular subjunctives:

dar: **dé, des, dé, demos, deis, den.**
estar: **esté, estés, esté, estemos, estéis, estén.**
haber: **haya, hayas, haya, hayamos, hayáis, hayan.**
ir: **vaya, vayas, vaya, vayamos, vayáis, vayan.**
saber: **sepa, sepas, sepa, sepamos, sepáis, sepan.**
ser: **sea, seas, sea, seamos, seáis, sean.**

Subjunctive of Radical-changing Verbs, Group I

The same stem-changes occur as in the present indicative.

sentarse:	**volver:**
me siente	**vuelva**
te sientes	**vuelvas**
se siente	**vuelva**
nos sentemos	**volvamos**
os sentéis	**volváis**
se sienten	**vuelvan**

Atender is of this class.

Uses of the Subjunctive

1. You will now realise that the imperative for **usted** is taken from the present subjunctive.

¡Siéntese usted! **¡Quite usted!**

Indirect commands in the third person are also expressed by the present subjunctive.

¡Que no oiga la señora! Don't let the lady hear!
¡Que pasen! Let them come in, tell them to come in.
¡Que se marchen en seguida! Let them go away at once!

2. The subjunctive must be used in subordinate clauses (introduced by **que**) after verbs of wishing, such as **querer, desear, preferir.**

Quiero que me peine usted así.
I want you to do my hair like this.
Desea que le lavemos la cabeza. You want us to wash your hair.
Prefiero que hable usted con la dueña. I prefer you to speak to the proprietress. (*Lit.:* I prefer that you should speak . . .)

We see, then, that the English construction 'I want you to go' is absolutely impossible in Spanish, which always says 'I want that you should go.'

If the subjects of both clauses are the same, however, the subjunctive is not used, and the second verb is an infinitive.

No quiero tener el mismo peinado que ella.
I don't want to have the same hair-style as hers.
Prefiero ir yo mismo. I prefer to go myself. (*Instead of:* I prefer that I should go myself.)

EJERCICIOS

A

I. Pongan ustedes el verbo en presente de subjuntivo:

1. Quiero que (tú, ir) a ver a tu tía.
2. ¿Prefiere usted que yo (escribir) la carta?

3. No queremos que (él, saber) que estamos aquí.
4. Deseo que usted (cortarme) el pelo, por favor.
5. No me gusta ir a su casa, prefiero que (ellos, venir) aquí.
6. ¿Quieren ustedes que (yo, traerles) café?
7. No quiere que (vosotras, volver) todas, pero sí quiere que (volver) yo.
8. ¿Prefiere usted que (nosotros, jugar) al fútbol, o que (dar) un paseo?
9. No, no quiero que (tú, comer) en la cocina.
10. ¿Están a la puerta? ¡Que (subir) en seguida!

II. *Ejemplo:* tener: tengas, tengamos.

caer	venir	abrir	oír
hacer	ser	cerrar	echar
salir	poder	poner	sentarse
querer	pasar	ir	ver
trabajar	atender	decir	dar

III. *Ejemplo:* Cerrar las ventanas:
¡Que cierre las ventanas!
¡Que cierren las ventanas!

1. Acercarse a la mesa. 2. Abrir la puerta. 3. Comer en el restaurante. 4. No darnos la lata. 5. Hacerle una permanente. 6. Cortarle el pelo. 7. Venir mi(s) sobrino(s). 8. Irse en seguida. 9. Volver luego. 10. Hablar conmigo.

IV. Hagan ustedes frases así:

Quieres; yo voy de compras, tú vas de compras:
Quieres que yo vaya de compras. Quieres ir de compras.

1. Queremos; usted se peina pronto, nosotras nos peinamos pronto.
2. Prefieren; vamos a verles, van a verles.
3. Deseo; ustedes se divierten mucho, me divierto mucho.

4. Queréis; nos sentamos un rato, os sentáis un rato.
5. Deseamos; ustedes se quedan aquí, nos quedamos aquí.

B

V. (*a*) Den ustedes lo contrario de:

Sentarse; rubio; irse; contestar; cobarde; terminar; por delante; salir; lejos; la nieta.

(*b*) Expliquen ustedes estas palabras en español:

Peluquería; desear; dar la lata; echarse a; peluquera; largo de aquí; guapa; decir piropos; dueña; sobrino.

VI. Contesten ustedes a estas preguntas:

¿Cuántas veces va usted a la peluquería? ¿Es usted rubio o moreno? ¿De qué color es el pelo de usted? ¿Lo tiene liso o con rizos? ¿Conoce usted a una persona con peluca? ¿Por qué se usan las pelucas? ¿Dónde se ven siempre muchas pelucas? ¿Dicen piropos los chicos ingleses? ¿Se lava usted el pelo en casa, o se lo lavan en la peluquería? ¿Cuánto pide el peluquero (la peluquera) cuando le corta el pelo?

VII. *Redacción*

(*a*) Visita a una peluquería.

(*b*) Un señor entra en un café. No habla español. Quiere que el camarero le traiga una tortilla, y vino blanco. Toma papel y un lápiz y dibuja varias cosas para explicar al camarero lo que quiere comer. ¿Qué pasa? ¿Qué le trae el camarero?

C

VIII. Traduzcan ustedes al español:

"Father," said Jane, "can I go with John to the pictures?" "You must ask your mother," answered her father, who was reading his newspaper. "Can I go, Mother?" asked Jane. "No," said her mother. "I don't want you to go this evening." "Oh, Mother!" cried Jane. "I want to go with John! Why don't you want me to go? I don't want him to go without me!" "I don't like you[1] to shout at me, Jane," said her mother. "I don't want you to go, first, because you haven't done your homework, and John has done his; and also, I prefer you to stay at home with me for once. You go out too often. You don't want me to do all the work in[2] the house, do you?"

[1] *gustar* counts as a verb of wishing   [2] *de*

JOTA

Cuando nuestro padre Adán
era mozo y cortejaba,
debajo de tu ventana
con la guitarra cantaba.

Coro:
¿Quieres que te compre una mantilla blanca?
¿Quieres que te compre una mantilla azul?
¿Quieres que te compre zapatos y medias?
¿Quieres que te compre lo que quieres tú?

la jota, dance or song of Aragón, Navarra and some provinces of Levante

Adán, Adam

cortejar, to court

LOS NÚMEROS ORDINALES

1st	**primero**	12th	**duodécimo**
2nd	**segundo**	13th	**decimotercero (decimotercio)**
3rd	**tercero**	14th	**decimocuarto**
4th	**cuarto**	15th	**decimoquinto**
5th	**quinto**	16th	**decimosexto**
6th	**sexto**	17th	**decimoséptimo**
7th	**séptimo**	18th	**decimoctavo**
8th	**octavo**	19th	**decimonono**
9th	**noveno (nono)**	20th	**vigésimo**
10th	**décimo**	21st	**vigésimo primero**
11th	**undécimo**		
		last	**último**

These are adjectives, and agree with their nouns:

El cuarto hombre; la tercera vez; los primeros resultados; las primeras alumnas.

Primero and **tercero** are apocopated before a masculine singular noun:

El primer día; el tercer piso.

The ordinal numerals above twelfth are seldom used and are replaced by the cardinals placed *after* the noun:

El siglo veinte, the twentieth century; **el día veinticuatro,** the twenty-fourth day.

For kings and queens, they are used up to tenth and not beyond:

Carlos Quinto; Felipe Segundo; *but* **Alfonso Trece.**

N.B. Except for **primero,** the ordinal numerals must never be used in dates.

Examples:

El primer mes del año es enero.

Al rey Luis Catorce de Francia le llamaban «el Rey Sol.»

Los moros vinieron a España en el siglo octavo, y partieron a fines del siglo quince.

La reina actual de Inglaterra es Isabel Segunda.

Estamos a jueves, veintiuno de marzo.

En la quinta página había cinco faltas.

La película que vimos era «El Tercer Hombre.» Yo la veía por tercera vez.

EJERCICIOS

I. (*a*) *Ejemplo:* enero: Enero es el primer mes del año.

1. marzo 2. agosto 3. diciembre 4. mayo 5. septiembre 6. febrero 7. julio 8. noviembre 9. junio 10. abril

(*b*) *Ejemplo:* El lunes es el primer día de la semana.

Sigan ustedes con los otros días.

II. Traduzcan ustedes:

The first houses; the fourth time; the fourth of July; the tenth day; King Edward the Seventh; King Louis IX, called Saint Louis; the twelfth man; the first prize; the eighteenth century; the thirteenth floor; her third husband; the sixteenth of December; King Charles II of England; the fifteenth page; the last week.

LECCIÓN ONCE

EN EL TEATRO

—Oye, Teresa, ¿estás lista? Tenemos un taxi. ¡Date prisa!

Era la abuela que llamaba a su nieta desde la puerta principal del piso.

—Voy ahora mismo, abuelita—dijo Teresa, saliendo de su cuarto.

—Y tú, José, deja ese periódico y vámonos—dijo el tío Adolfo—ya es hora.

Al bajar doña Josefina, don Adolfo, Teresa y José a la calle, encontraron a don Alfredo con un taxi.

esperándoles. Subieron todos y en diez minutos llegaron a la Plaza de Santa Ana.

Era el día 31 de diciembre y como se ponía *El Alcalde de Zalamea*, una obra de teatro de Calderón, en el «Español», la abuela había decidido celebrar la Nochevieja llevando a sus nietos al teatro. Iban a la función de la tarde a las siete, pues a la abuela no le gustaba ir a la función de la noche a las once.

Al bajar del taxi, vieron una cola delante de la taquilla.

— Entrad, todos — dijo el tío —, saqué las entradas esta tarde.

— ¡No, esperad! ¡No entréis todavía! — dijo don Alfredo a Teresa y José —. No son más que las siete menos cuarto. Como hemos llegado temprano, venid conmigo a ver la estatua de Calderón.

Los tres se acercaron al medio de la plaza.

— ¡Mirad! — dijo don Alfredo —. Pedro Calderón de la Barca, uno de los mejores dramaturgos del siglo diecisiete. Tiene mucha fama, no sólo en España, sino también en otros países. ¿Veis como está sentado en medio de la plaza mirando hacia el Teatro Español? Volved mañana a verle de día y nunca paséis por aquí sin saludarle ¿eh? Bueno, vamos a entrar en el teatro y ¡no subáis al gallinero! Esta tarde tenemos asientos buenos.

Al entrar los cinco en el teatro, el acomodador los llevó a sus asientos, unas butacas de la cuarta fila, entregándoles al mismo tiempo un programa. (En España los programas no se pagan, pero hay que dar una propina al acomodador.)

— José, ponte aquí a mi lado — dijo don Alfredo —; así estarás más cerca del pasillo y si necesitamos algo, podrás salir más fácilmente a buscarlo.

Pero en aquel momento, vino una señora gorda a sentarse al lado de José.

— ¡Siéntate, hijo! — dijo la abuela a su nieto que estaba de pie echando una mirada a la gente de los palcos y el anfiteatro — ¡No molestes a la señora!

— Es ella que me está molestando a mí — murmuró José (que era delgado) en voz muy baja —. ¡Es tan gorda que apenas cabe en su asiento!

— ¡Cállate, tonto! — dijo la abuela.

Aquella tarde, el telón se levantó bastante puntualmente — a eso de las siete y cinco — pero varias personas llegaron tarde y tuvieron que buscar sus asientos en la oscuridad.

— ¡Tss! ¡Tss! — silbaron los espectadores sentados a los que entraban.

— ¡Crrc, crrc, crrc! — hizo el abanico de la señora al lado de José.

A pesar de estas pequeñas interrupciones al principio, la representación les gustó mucho a todos. Los actores trabajaron muy bien, especialmente el que hacía el papel de Pedro Crespo, el héroe, y el público aplaudió con entusiasmo.

Durante el descanso, unos muchachos pasaron entre el público gritando:

— ¡Hay helados y gaseosas! ¡Caramelos y chocolate!

— ¡Oye, chico! — gritó don Adolfo a uno de los muchachos que vendía helados, pero éste estaba atendiendo a otro señor y no le oyó.

— ¡José! — dijo don Alfredo —, coge este dinero y ve a comprarnos helados.

— ¡Y no te olvides de pedir permiso a la señora! — dijo la abuela.

— ¡Uf! Se ha levantado ella también — dijo José —. ¡Qué gusto! Ahora respiro.

— Espera un momento — dijo Teresa a su hermano — yo voy contigo por los helados.

— Bueno, idos los dos, y ¡daos prisa! — dijo el tío.

Consiguieron comer sus helados antes del principio del tercer acto, que fue el más emocionante de todos. Cuando terminó la función los actores principales tuvieron que volver tres veces a la escena a recibir los aplausos del público y algunos chicos ofrecieron flores a las actrices de la compañía.

Cuando estaban ya en la calle, don Alfredo dijo a Teresa y José:

— Qué, ¿os ha gustado la representación?

— ¡Muchísimo! — contestó Teresa.

— Es una obra estupenda — exclamó José.

— Me alegro — dijo don Alfredo — ¡pero no os durmáis todavía! — añadió, al ver que los chicos parecían tener sueño —. ¡Animaos! El teatro fue el principio de la fiesta, nada más. ¡Vamos a ver lo que pasa después de cenar!

NOTES

Teatro Español: the Spanish national theatre in the Plaza de Santa Ana, Madrid.

en medio de: the statue is now (1970) on the further side of the square.

VOCABULARY

el teatro

el abanico, fan
el(la) acomodador(a), usher(ette)
el acto, act (in play)
el actor, actor
la actriz, actress
el anfiteatro, dress circle
los aplausos, applause
la butaca, stall (at theatre)
la compañía, company
el descanso, interval
el dramaturgo, dramatist
la entrada, ticket (theatre, cinema, etc.)
la fila, row
la función, performance
el «gallinero» (la galería), 'gods' (gallery)
el héroe, hero
la obra de teatro, play
el palco, box (at theatre)

el papel, part (in play, etc.)
el pasillo, gangway
el programa, programme
el público, audience
la representación, show
el telón, curtain (at theatre)
aplaudir, to applaud

hacer un papel, to act a part
poner una obra, to put on a play
sacar entradas, to take tickets
silbar, to boo, to hiss
trabajar (en el teatro), to act
¡Tss! ¡Tss! Ssh! Ssh!

el alcalde, mayor
el entusiasmo, enthusiasm
la fama, fame
la interrupción, interruption
el medio, middle

la Nochevieja, New Year's Eve
la oscuridad, darkness
el permiso, permission
el principio, beginning
el siglo, century

animarse, to brighten up, to take courage
caber en, to fit into (*see Grammar E*)
celebrar, to celebrate

darse prisa, to hurry
olvidarse de (+*inf.*), to forget to
respirar, to breathe

delgado, -a, thin
emocionante, exciting
especialmente, especially
fácilmente, easily

gordo, -a, fat
puntualmente, punctually
¡Uf! Thank goodness!

USEFUL EXPRESSIONS

de día, by day
Qué, ¿os ha gustado la obra? Well, did you enjoy the play?
¡Muchísimo! Very much indeed!
¡Voy! (a reply to a call) I'm coming!

QUESTIONS

1. ¿Dónde estaba Teresa cuando la llamaba su abuela?
2. ¿Qué hacía José?
3. ¿Adónde iban? ¿Qué celebraban?
4. ¿Tuvieron que hacer cola?
5. ¿Qué había en la plaza?

6. ¿Cómo es la estatua de Calderón?
7. ¿Dónde está el gallinero?
8. ¿Qué asientos tienen?
9. ¿Quién estaba al lado de José?
10. ¿Por qué molestaba a éste?
11. ¿Qué pasó a las siete y cinco?
12. ¿Cuál de los actores era mejor?
13. ¿Por qué gritó don Adolfo?
14. ¿Adónde fueron Teresa y José?
15. ¿Cuántos actos tenía la obra?
16. ¿Cuál les gustó más y por qué?
17. ¿Cómo sabemos que el público aplaudió mucho?
18. ¿Cuándo se ofrecen flores a las actrices?
19. ¿Por qué no quiere don Adolfo que los chicos se duerman?
20. ¿Se había terminado la fiesta?

GRAMMAR

A. *Present Subjunctive of Radical-changing Verbs, Groups II and III*

sentir:	**dormir:**	**pedir:**
sienta	**duerma**	**pida**
sientas	**duermas**	**pidas**
sienta	**duerma**	**pida**
sintamos	**durmamos**	**pidamos**
sintáis	**durmáis**	**pidáis**
sientan	**duerman**	**pidan**

We can now re-state the rules for the radical changes in Groups II and III.

Group II: **e** changes to **ie, o** changes to **ue** when the stem is stressed; **e** changes to **i, o** changes to **u** when the next syllable contains stressed **a, ie** or **ió**

Group III: **e** changes to **i** when the stem is stressed, and also when the next syllable contains stressed **a, ie** or **ió**

B. *Imperative with* **tú** *and* **vosotros**

So far, although **tú** and **vosotros** have been widely used in the text, you have only learnt the 'polite' imperative with **usted** and **ustedes.** The reason for this will become clear to you in paragraph 2. Now that you have learnt the present subjunctive, however, you can learn the rest of the imperatives.

1. *Formation*

Remove the ending from the infinitive and add:

	Singular (**tú**)	*Plural* (**vosotros**)
-ar verbs:	**-a**	**-ad**
-er verbs:	**-e**	**-ed**
-ir verbs:	**-e**	**-id**
hablar:	**¡Habla!**	**¡Hablad!**
vender:	**¡Vende!**	**¡Vended!**
subir:	**¡Sube!**	**¡Subid!**

2. *Negative commands*

When the command is negative, these forms must be replaced by the present subjunctive.

¡Espera!	**¡No esperes!**
¡Esperad!	**¡No esperéis!**
¡Bebe!	**¡No bebas!**
¡Bebed!	**¡No bebáis!**
¡Insiste!	**¡No insistas!**
¡Insistid!	**¡No insistáis!**

3. *Imperative of radical-changing verbs*

empezar:	**empieza**	**empezad**
volver:	**vuelve**	**volved**
perder:	**pierde**	**perded**
dormir:	**duerme**	**dormid**
seguir:	**sigue**	**seguid**

4. *Imperative of reflexive verbs*

Remember that object pronouns, including reflexive pronouns, follow an imperative unless it is negative.

¡Levántate!	**¡Ríete!**
¡No te levantes!	**¡No te rías!**

The **d** at the end of the second person plural is dropped before **os,** except in the verb **irse: idos.**

levantarse:	**levantaos**	**reírse:**	**reíos**
But **no os levantéis**		**no os riáis**	

5. *Irregular imperatives*

decir:	**di**	**decid**
hacer:	**haz**	**haced**
ir:	**ve**	**id**
oír:	**oye**	**oíd**
poner:	**pon**	**poned**
salir:	**sal**	**salid**
ser:	**sé**	**sed**
tener:	**ten**	**tened**
venir	**ven**	**venid**

C. *First Person Plural Imperative*

In the affirmative, **vamos a** + infinitive, or the present subjunctive may be used. With reflexive verbs, however, the present subjunctive is seldom used except in literary style. Note that the final **-s** must be dropped before adding **nos** in this case.

Vamos a sentarnos. Let us sit down.
Hablemos de Inglaterra. Let us talk about England.
Levantémonos. Let us stand up. (Literary style.)

In the negative, the subjunctive should always be used:

No nos levantemos Don't let us get up.

No hablemos de eso. Don't let us speak of that. (Literary style.)

Note that the first person plural imperative of **ir** is **vamos,** and of **irse, vámonos.**

Vámonos en seguida. Let us go away at once.

D. *Irregular verb* **caber**

This verb, meaning 'to be contained in,' 'to fit into,' has no English equivalent.

Present Indicative	
quepo	*Future:* **cabré**
cabes	*Preterite:* **cupe**
cabe	*Imperfect:* **cabía**
cabemos	
cabéis	*Present Subjunctive:* **quepa**
caben	

Participles
cabiendo
cabido

No cabe aquí. There is no room for him here.
Esta maleta no cabe en el coche. There is no room for this suitcase in the car, *or:* This suitcase won't fit in the car.

EJERCICIOS

A

I. Pongan ustedes el verbo en presente de subjuntivo:

1. No quiero que (vosotros, dormir) todavía.
2. Nos gusta mucho que (vosotras, divertirse) tanto.
3. Prefiere que sus empleados (vestirse) de negro.
4. Desea que ustedes (despedirse) de él antes de irse.
5. No me gusta que tú (pedirle) tanto dinero.
6. La dueña desea que (nosotras, atender) a los clientes.
7. No queremos que ustedes (seguirnos).
8. Niños, deseo que (acostarse) en seguida.
9. No me gusta que (envolverse) la comida en periódicos.
10. No quiero que la gente (reírse) de mí.

II. *Ejemplo:* Pedir dinero: Pídelo; no lo pidas.

1. Poner la mesa. 2. Esperar el taxi. 3. Dar el periódico al tío. 4. Enseñar la estatua a los chicos.

5. Hacer la cola. 6. Mirar el teatro. 7. Seguir a la abuela. 8. Saludar a tu amigo. 9. Leer el programa. 10. Enviar flores a la actriz.

III. *Ejemplo:* Aplaudir a los actores: Aplaudidles; no les aplaudáis.

1. Vender caramelos a los niños. 2. Comprar helados. 2. Buscar vuestros asientos. 4. Beber gaseosa. 5. Comer galletas. 6. Decirme la verdad. 7. Oír la música. 8. Tocar el piano. 9. Cruzar la calle. 10. Pedir churros al churrero.

IV. *Ejemplo:* levantarse: Levántate; no te levantes.
Levantaos; no os levantéis.

Acercarse; vestirse; dormirse; acostarse; volverse; reírse; quedarse; sentarse; alegrarse; esconderse.

B

V. Contesten ustedes a estas preguntas:

¿Quién es el mayor dramaturgo inglés? ¿Cuál de sus obras ha visto usted? ¿En qué parte del teatro están las butacas? ¿Dónde están los palcos? ¿Qué asientos son más baratos? ¿Qué piensa usted de la gente que llega tarde al teatro? ¿Se usan abanicos en los teatros aquí? ¿Qué cosas se venden en el teatro durante el descanso? ¿Cómo se sabe que la obra se ha terminado?

VI. *Redacción*

(*a*) Un señor fue al teatro. Se sentó. Vio dos actos de una obra que no le gustó. Salió durante el tercer acto. ¿Cómo era el señor? ¿Cómo fue el teatro? ¿Dónde se sentó? ¿Qué obra vio? ¿Por qué no le gustó? ¿Qué pasó cuando salió?

(*b*) ¿Prefiere usted el cine o el teatro? Explique usted su preferencia.

C

VII. Traduzcan ustedes al español:

"Come, children, it's time to go for our walk. Go upstairs and wash yourselves. Don't forget your handkerchief, John . . . Now put your coats on. Where are your gloves, Peter? Put them on at once. Leave the cat, Mary — no, it can't come with us. Don't cry, you're a big[1] girl now. Bring some biscuits from the kitchen, John, and don't eat them all. Let's go out now. Shut the door, Peter . . .

"Wait, children, don't cross the road yet, there's a car. Now the road is clear, run, all (of you)! Don't touch that dog, Mary, he's dirty . . . Yes, you are always wanting me to buy you some sweets. Well, go into that shop, John, and buy some. Here is[2] the money — and don't forget to give me the change, this time!"

[1] *mayor* [2] *tienes*

VIII. Digan o escriban estos números:

(*a*) 14; 23; 34; 62; 98.

(*b*) 141 páginas; 276 alumnas; 555 manzanas; 2.779 habitantes; 5.987 libros.

(*c*) El 1° día; el 3° león; la 8ª semana; el 15° año; la 20ª vez.

CHISTE

Un día, dos nuevos ricos que, para lucirse, iban a todos los sitios, llegaron tarde a un concierto. Al entrar, preguntaron:

— ¿Qué están tocando?

— La quinta sinfonía de Beethoven — respondió el acomodador.

— ¡Caray! — exclamaron, asombrados —. ¡Ya hemos perdido cuatro!

lucirse, to show off **la sinfonía,** symphony

Animados por el tío, los dos hermanos hicieron un esfuerzo tremendo y tragaron cada uno su última uva cuando el reloj terminaba de dar las doce.

Entre la multitud que empezaba ya a dispersarse, el tío, don Alfredo y los chicos encontraron a unos amigos madrileños, Carmen, Rafael y Eduardo Sigüenza, con su padre.

— ¡Hola! ¿Qué tal? ¡Cuánto me alegro de veros! — dijo Carmen.

— Y ¿adónde van ustedes ahora? — preguntó el señor Sigüenza —. ¿A casa? Me extraña que piensen regresar tan pronto. ¿Por qué no vienen ustedes a casa con nosotros para que estos chicos sepan cómo se divierte una familia madrileña por Nochevieja?

— Sí, sí, tío — dijo José, persuasivo —. No podemos marcharnos sin asistir a una verdadera fiesta de Nochevieja en casa.

El tío Adolfo dudó un poco.

— Es muy tarde — empezó —, tengo miedo de que se inquiete mi madre . . .

— ¡Bah! — dijo el señor Sigüenza —. Doña Josefina no se inquietará por eso. ¡En Nochevieja no se acuesta nadie!

Don Adolfo tuvo que consentir y Teresa y José se fueron por fin a la cama el día primero de enero a las cuatro y media de la mañana!

NOTE

Ministerio de la Gobernación: formerly the Spanish Ministry corresponding to the British Home Office. This building is now occupied by the *Dirección General de la Siguridad* (Police Headquarters).

VOCABULARY

las afueras, outskirts
la bolsa (de papel), (paper) bag
la campanada, chime
la cebolla, onion
el colmo, height, climax

el compás, time, rhythm
el chorizo, a highly flavoured sausage
el esfuerzo, effort
el flan, caramel cream
la mayoría, majority
el nabo, turnip
la retransmisión, broadcast (of an event)
el segundo, second
la sopa Juliana, vegetable soup
la zanahoria, carrot

crecer, to grow
consentir (**ie, i**) **en,** to agree to
derribar, to knock down
dispersarse, to disperse
dudar, to hesitate
extrañar, to surprise (*see Grammar B*)
hacerse, to become
inquietarse, to grow worried
tragar, to swallow

animado, -a, excited
bien . . . o bien, either . . . or
conforme, as
decidido, -a, determined
denso, -a, dense, thick
de espaldas a, (with one's) back to (**la espalda,** back)
persuasivo, -a, persuasive
popular, popular
tremendo, -a, terrific

USEFUL EXPRESSIONS

cenar sopa, to have soup for supper
cogidos, -as, del brazo, arm in arm
en autobús, en el metro, en coche y andando, by bus, by the underground, by car and on foot
¿Qué tal? (*familiar*), How are things? How are you?

QUESTIONS

1. ¿Cómo se hace la sopa Juliana?
2. ¿Qué cenaron de postre?
3. ¿A qué hora salieron?
4. ¿Qué iba a hacer la abuela?
5. ¿Cuántas uvas llevaron?
6. ¿Cómo se llama la fiesta del día 31 de diciembre?
7. ¿Cómo fueron a la Plaza de la Cibeles?
8. ¿Qué hacía la gente para celebrar la fiesta?
9. ¿Dónde estaba más densa la multitud?
10. ¿En qué sitio se pararon?
11. ¿Cuándo empezaron a comer las uvas?

12. ¿Por qué no consiguieron comerlas los chicos?
13. ¿Para qué se comen uvas en Nochevieja?
14. ¿A quiénes encontraron los chicos y los dos señores?
15. ¿Adónde fueron después de comer las uvas?
16. ¿Por qué no quiso ir Don Adolfo?
17. ¿A qué hora se acostaron los chicos?
18. ¿Qué pasa en Inglaterra en Nochevieja?
19. ¿Adónde va la gente de Londres?
20. ¿Qué hacemos el día de Año Nuevo?

GRAMMAR

A. *Uses of the Subjunctive* (*continued*)

1. The subjunctive is used in clauses following a verb expressing emotion, such as sorrow, regret, pleasure, fear, surprise, doubt.

Siento que usted no salga. I am sorry you are not coming out.

Me alegro de que estés con nosotros. I am glad you are with us.

Tengo miedo de que se inquiete mi madre. I am afraid my mother will be anxious.

Note, however, that when the subjects of both clauses are the same, the subjunctive is not used:

Siento no poder salir contigo. I am sorry I cannot go out with you.

Me alegro de haber venido. I am glad I have come.

2. Many conjunctions are followed by the subjunctive. Two important ones are **para que,** 'in order that,' and **sin que,** 'without.'

Pueden abrirse camino sin que os ayude yo. You can make your way through the crowd without my helping you.

El señor Sigüenza invita a los chicos para que sepan cómo se divierte una familia madrileña. Mr Sigüenza invites the children in order that they may know how a Madrid family enjoys itself.

When the subjects of both clauses are the same, however, **para** and **sin** are used with an infinitive:

No podemos marcharnos sin asistir a una verdadera fiesta.
We can't go away without being present at a real fiesta.
Comieron las doce uvas para tener suerte.
They ate the twelve grapes in order to have good luck.

B. *Miscellaneous*

1. **Todo el mundo,** 'everybody,' takes a *singular* verb.

Todo el mundo salió. Everybody went out.

La mayoría, 'the majority,' 'most,' takes a *plural* verb.

La mayoría de ellos se llevaron una uva a la boca.
Most of them put a grape in their mouths.

2. Note the use of **dar** for a clock striking the hours:

Están dando las doce. It is striking twelve.
Va a dar la una. It is going to strike one.

3. **Extrañar,** 'to surprise,' is used impersonally, like **gustar:** 'I am surprised' becomes 'it surprises me.'

Me extraña que haya venido. I am surprised he has come.

EJERCICIOS

A

I. Pongan ustedes el verbo en presente de subjuntivo:

1. Me alegro de que usted (haber) llegado temprano.
2. Sentimos mucho que ella (irse).
3. Tengo miedo de que (venir) los guardias.
4. Dudo que (él, poder) salir esta tarde.
5. Estoy muy contento de que los chicos (divertirse).
6. Nos alegramos mucho de que don Alfredo (estar) con nosotros.
7. Nos extraña que aquí la multitud (hacerse) más densa.
8. Siento que no (quedar) más uvas.

9. ¿No estás contento de que no (nosotros, traer) al perro?
10. Dudo que mi abuela (oír) la retransmisión.

II. Hagan ustedes una frase en vez de dos, usando *para que*, *sin que*, *para* o *sin*, sustituyendo el verbo de la segunda frase por infinitivo o subjuntivo:

1. Trabajamos mucho. Aprobamos el examen.
2. Nos marchamos ayer. No vimos a sus amigos.
3. No queremos irnos. Nos despedimos de ustedes.
4. El llega siempre. No le oímos.
5. Ustedes se detienen en la plaza. Los niños ven la estatua.
6. Tuvieron que luchar. Se abrieron camino.
7. Llegan al teatro. El tío no pierde las entradas.
8. No podéis ir. No sabéis dónde.
9. Voy a tomar mi guitarra. Los niños bailan en el jardín.
10. Los hermanos hicieron un esfuerzo. Tragaron la última uva.

III. Traduzcan ustedes al español:

1. Give it to me, Mother, don't give it to Father.
2. Let's go and see him today, don't let us wait until tomorrow.
3. Children, wait for me, don't run so fast.
4. Come in, señor Gómez, take a seat.
5. Don't cut my hair, wash it please.
6. Let him come upstairs at once.
7. Don't tell me, Mummy, let me read it.
8. Put it here, Mary, don't put it there.
9. Waiter, bring me two coffees, please.
10. Go to bed, children, don't read all night.

IV. (*a*) Hagan ustedes frases con el presente de los verbos siguientes y otro verbo en presente de subjuntivo:

Querer; preferir; desear; gustar; alegrarse; tener miedo; sentir; estar contento; dudar; extrañar.

(*b*) Hagan ustedes frases con el imperativo de los verbos siguientes:

Poner; hacer; traer; tener cuidado; venir; ir; salir; dar.

B

V. (*a*) ¿Qué es: un aparador? un autobús? una matraca? una pandereta? una multitud? una acera? un jaleo? un madrileño? la Nochevieja? un flan?

(*b*) ¿Para qué sirve: una bolsa? un abrigo? un reloj? una fiesta?

VI. *Redacción*

(*a*) Usted va con unos compañeros en Nochevieja a oír las doce campanadas de Big Ben en la Plaza del Parlamento en Londres. Imagínese el viaje, lo que hace la gente, las canciones, cómo vuelve usted a casa.

(*b*) Cuente usted cómo se celebra la Nochevieja en su casa.

C

VII. Traduzcan ustedes al español:

My Uncle Zacarías is a very amusing old man. He is very lazy; he thinks that everyone must work so that he can sit[1] without doing anything. Sometimes he spends the whole day in his chair, without anyone[2] coming to see him, so that he is pleased that I visit him every Saturday. He is afraid that people don't like him, and I think he is right; most (of them) do not like him, because he is always saying disagreeable things. He doubts whether children today are as intelligent as they were when he was a boy, and I think he is sorry that I usually pass my examinations, because that proves that he is wrong! He prefers people to be stupid, so that he can laugh at them. But he likes us all to go and see him on Christmas Day and New Year's Eve. He is delighted to have all the family in his house, without wanting us to be there always.

[1] Use *quedarse sentado* [2] *nadie*

VIII. *Repaso*

Pongan ustedes la palabra perdida:

1. Cuando nieva, tenemos —.
2. En agosto tenemos —.
3. El niño tiene — de la vaca.
4. A las cuatro de la mañana, los chicos tienen —.
5. Cuando no queda mucho tiempo, tenemos —.
6. Si estamos muy ocupados, no tenemos —.
7. Cuando hay que hacer algo, tenemos — hacerlo.
8. Antes de comer, tenemos —.
9. Cuando hace calor, tenemos —.
10. Si ganamos mucho dinero, tenemos —.

BUENOS REYES

Buenos reyes, buenos reyes,
buenos reyes, alegría,
que en el portal de Belén
nació el hijo de María.

Es un niño muy bonito,
rubio, blanco y colorado,
que ha de ser el pastorcito
que ha de cuidar el ganado,
    que ha dicho Melchor,
    que ha dicho Gaspar,
    también Baltasar,
    por ser las pascuas de Reyes,
    un buen aguinaldo nos tienen que dar.

el portal, the stable where Christ was born
Belén, Bethlehem
nacer, to be born
colorado, -a, rosy
el pastorcito (*dim. of* **pastor**), little shepherd
cuidar, to care for
el ganado, flock
Melchor, **Gaspar**, **Baltasar**, the three Kings
las pascuas de Reyes, Epiphany

LECCIÓN TRECE

EL CIRCO

Teresa y José sintieron mucho separarse de su abuela y abandonar Madrid, pero como deseaban pasar el día de Reyes con la familia, regresaron a Castillohermoso con el tío Adolfo el día 4 de enero. Viajaron en el correo-expreso de la noche porque no habían podido conseguir reservas en el rápido de la mañana, ni en el TAF de la tarde.

Tenían mucho que contar a sus padres y hermanos, pero también querían que ellos les contasen lo que había pasado en Castillohermoso durante su ausencia, así es que, el día de Reyes, todos hablaron por los codos.

ANTONIO. El Circo Titirini vino a dar funciones en la Plaza de Toros y fuimos a verlo con papá y mamá.

JOSÉ. Bueno, cuéntanoslo todo. ¿Qué visteis? ¿Muchas fieras — leones, tigres, osos?

ANTONIO. Osos, no, pero tigres, sí; salieron dos a la pista en sus jaulas y cuando el domador los llamó para que saltaran, dieron enormes saltos por encima de su brazo y se quedaron sentados cada uno sobre un taburete.

ISABEL. Había también un león y una leona, pero su domador no quiso que aparecieran aquella semana porque tres días antes, habían nacido sus dos crías.

TERESA. ¡Qué pena! Sentiríais que no pudiese salir toda la «familia León» ¿verdad?

ANTONIO. ¡Ah, pero los vimos al día siguiente en el vagón donde estaban, por un agujero!

TERESA. ¡Vaya listos! Y ¿qué visteis después de los tigres?

ISABEL. Vimos tres monos que se sentaron a la mesa para merendar y mojaron sus bollos en el café como personas. ¡Fue muy bonito!

ANTONIO. A mí me gustaron más los payasos que dieron saltos por encima de las cabezas de sus compañeros —

ISABEL. Las chicas que pasaron por la cuerda floja con abanicos en la mano eran más bonitas —

ANTONIO. Pero lo que sucedió después de la función era mejor que el circo.

TERESA. ¿Verdad? ¿Qué sucedió? ¡Alguna broma tuya sería!

ANTONIO. ¡No, no, nada de eso! Cuando estábamos saliendo de la plaza nos dijeron que un elefante que acababa de abandonar la pista se había escapado.

JOSÉ. ¿Cómo fue eso?

ANTONIO. Pues, parece que el domador quiso que entrase en una cuadra donde no había estado antes y por eso, el elefante se enfadó, derribó al domador con la trompa y salió a la calle. Mamá no quiso que fuésemos papá y yo a ver lo que pasaba porque tenía miedo de que el elefante nos matara —

ISABEL. Pero por fin subimos todos al balcón de los señores de Condado para que no nos molestara la gente, y desde allí vimos algo.

ANTONIO. Sí, vimos lo que pasó en la calle de Hernán Cortés. ¡Fue muy divertido! Delante de una de las casas había una niña en su cochecito. El elefante dio un empujón al coche y cuando vio que andaba bien, lo empujó más, y así llegó a la plaza de San Juan —

DONA MARÍA. — seguido por sus guardas.

ANTONIO. Sí, y la mamá de la niña corrió tras los guardas. ¡Lloró y gritó mucho! Luego vinieron unos guardias con fusiles. No pudimos ver más, pero nos dijeron que los guardas no quisieron que hicieran daño al elefante porque era manso y dijeron que ellos podrían cogerlo sin que lo matasen —

DON PEDRO. Pero la madre quería que lo mataran en seguida porque tenía miedo de que cogiese a la niña con la trompa y se marchara con ella.

ANTONIO. Por fin, salió el dueño de la frutería de la plaza y dejó una cesta de manzanas en la acera y mientras el elefante las estaba comiendo, los guardas lo capturaron y la madre cogió a la niña.

TERESA. Estaría temblando de miedo cuando su madre la cogió ¿verdad?

DONA MARÍA. ¡Nada de eso! Nos dijeron que estaba riéndose alegremente; y su madre dijo que había estado llorosa todo ese día hasta que el elefante la llevó de paseo.

DON PEDRO. ¡Claro! El elefante era una cosa nueva para ella. ¿No sabéis el refrán —
«Toda novedad tiene su encanto
aunque éste sea de espanto»?

NOTES

TAF: Tren Automotor Fiat: a diesel-electric express.
la cuerda floja: Note that Spaniards say 'loose rope' where we say 'tight rope.'
Hernán Cortés (1485–1547): Spanish conqueror of Mexico.
aunque éste sea: 'even if this is' (*see Lesson XVII, Grammar A*).

VOCABULARY

el circo

la cuerda floja, tight rope (*see Notes*)
el domador, tamer
el guarda, keeper
la jaula, cage
el payaso, clown
la pista, ring (at circus)
el salto, jump, somersault
el taburete, stool

las fieras

el elefante, elephant
la trompa, trunk (of elephant)
el león, lion
la leona, lioness
el mono, monkey
el oso, bear
el tigre, tiger

el agujero, hole
el coche(cito) (de niño), pram
el codo, elbow
el correo, slow train; **el correo-expreso,** fairly fast train
la cría, young (of animals)
la cuadra, stable
el dueño, proprietor
el empujón, push
el encanto, charm
el espanto, scare; **de espanto,** terrifying
la frutería, fruit shop
el fusil, rifle
la manzana, apple
la novedad, novelty
el rápido, express train
el refrán, proverb
el vagón, truck

abandonar, to leave
andar, to work, to move
capturar, to capture
empujar, to push
enfadarse, to get angry
mojar, to dip, to moisten
nacer, to be born
separar(se) de, to part from
suceder, to happen

bonito, -a, nice
flojo, -a, loose
manso, -a, tame
lloroso, -a, tearful
¡Vaya listo, -a! How smart (of you, him, them, etc.)!

USEFUL EXPRESSIONS

hablar por los codos, to talk nineteen to the dozen
nada de eso, nothing of the sort

QUESTIONS

1. ¿Por qué tuvieron que regresar los chicos?
2. ¿En qué tren viajaron?
3. ¿Por qué hablaron todos por los codos?
4. ¿De qué hablaron Antonio e Isabel?
5. ¿Cuántos animales habían visto?
6. ¿Qué hicieron los tigres?
7. ¿Por qué no salió la leona?
8. ¿Cómo vieron a la familia de la leona?
9. ¿Qué hicieron los monos?
10. ¿Cuáles de los artistas gustaron más a Antonio? Y ¿a Isabel?
11. ¿Qué sucedió después de la función?
12. ¿Por qué se enfadó el elefante?
13. ¿Desde dónde vieron los niños lo que pasó?
14. ¿Qué hizo el elefante con el cochecito?
15. ¿Quiénes lo siguieron?
16. ¿Por qué no mataron los guardias al elefante?
17. ¿Qué quiso la madre de la niña?
18. ¿Quién consiguió detener al elefante y cómo?
19. ¿Cómo estaba la niña?
20. ¿Qué dice el refrán?

GRAMMAR

A. *The Imperfect Subjunctive*

To find the stem for this tense, remove the ending from the *third* person singular or plural of the preterite. (This will automatically give you the right stem for radical-changing verbs as well.)

The imperfect subjunctive has two different sets of endings:

	-ar *verbs*	**-er** *and* **-ir** *verbs*	
	empezar	**tener**	**sentir**
1.	**empezase**	**tuviese**	**sintiese**
	empezases	**tuvieses**	**sintieses**
	empezase	**tuviese**	**sintiese**
	empezásemos	**tuviésemos**	**sintiésemos**
	empezaseis	**tuvieseis**	**sintieseis**
	empezasen	**tuviesen**	**sintiesen**
2.	**empezara**	**tuviera**	**sintiera**
	empezaras	**tuvieras**	**sintieras**
	empezara	**tuviera**	**sintiera**
	empezáramos	**tuviéramos**	**sintiéramos**
	empezarais	**tuvierais**	**sintierais**
	empezaran	**tuvieran**	**sintieran**

Note that verbs like **decir, conducir, traer,** whose preterite stem ends in **j,** and verbs like **gruñir** and **reñir,** drop the **i** throughout both sets of endings:

conducir: condujese, condujera
decir: dijese, dijera
traer: trajese, trajera
gruñir: gruñese, gruñera

Note also the following:

ser and **ir: fuese, fuera**
dar: diese, diera
ver: viese, viera
leer: leyese, leyera (**oír** and **creer** are of this type)

For the sake of convenience in distinguishing between the two forms of this tense, we can refer to the second form as the conditional subjunctive, because Spaniards often use it instead of the ordinary conditional as a matter of taste or style; in all other respects, the two forms of the imperfect subjunctive are identical in use and meaning. You can use either.

B. *Use of the Imperfect Subjunctive*

The present subjunctive is used in a subordinate clause after a verb in the present or future (occasionally perfect) indicative. The imperfect subjunctive is usually used following a verb in the imperfect or preterite indicative, and also after the conditional. (But it is occasionally impossible to express what is required without using the imperfect subjunctive after a present indicative:

Siento que no le conociese usted ayer. I'm sorry you didn't make his acquaintance yesterday.)

Examples:

Quiero que vengas. I want you to come.
Quiso que vinieses (vinieras). He wanted you to come.
Querían que viniésemos (viniéramos). They wanted us to come.
Llegaron sin que lo supiésemos (supiéramos). They arrived without our knowing.

C. *Conditional of Probability*

The conditional is often used, like the future, to show probability, and implies something like 'I expect it was,' 'surely it was,' 'it would probably be.'

Sentiríais que no pudiese salir la familia. You would be sorry (I expect you were sorry, you were probably sorry) that the family could not come out.

¡Alguna broma tuya sería! I expect it was one of your jokes!

La niña estaría temblando de miedo. I expect the child was trembling (she would probably be trembling) with fear.

EJERCICIOS

A

I. Pongan ustedes el verbo en imperfecto de subjuntivo:

1. Tenía miedo de que el elefante (matar) a la niña.
2. Viajaron en el TAF para que el tío (llegar) temprano a casa.
3. Quería que vosotros (contarme) lo que había pasado.
4. Estuvimos contentos que (saltar) los tigres.
5. Deseaban que nosotros (ir) a verles.
6. Me alegraba de que tú (estar) con la abuela.
7. No me gustaba que el frutero (poner) manzanas verdes en mi bolsa.
8. Sentíamos mucho que ustedes no (poder) acompañarnos.
9. Mamá no pudo entrar sin que nosotros (darle) la llave.
10. Prefería que vosotros no (mojar) los bollos en el café.

II. Pongan ustedes el verbo en presente o imperfecto de subjuntivo:

1. Llamé al camarero para que (traerme) un vaso.
2. No deseo que usted (escribirle).
3. Quiero que vosotros (sentaros) un rato.
4. Comíamos sin que mi padre (decir) nada.
5. Tengo miedo de que tú no (conducir) bien.
6. No sabía qué decir para que (volverse) su amigo.
7. No me gusta que vosotros (venir) a la mesa con las manos sucias.
8. Preferían que nosotros (pasar) las primeras.
9. Siento mucho que no (aparecer) los leones.
10. Mi madre estuvo muy contenta de que yo no (llorar).

III. *Ejercicio de Puntuación y de Acentuación*

que pena dijo carmen tengo miedo de que llueva no

tienes paraguas[1] no contesto maria lo deje en la casa de la abuela ayer que hora seria cuando llegue aqui serian las cinco y media contesto carmen pues tengo que regresar con la lluvia si dijo su amiga por eso quise que vinieses mas temprano nunca tenemos bastante tiempo para charlar puedo prestarte mi impermeable[2] si damelo grito maria tengo prisa estoy buscandolo respondio carmen ah aqui esta muchas gracias hasta manana adios hasta manana no te olvides de devolvermelo o me enfadaria comprendes

[1] *umbrella* [2] *raincoat*

B

IV. *¿Qué es?*

1. Una fiera que se llama «el rey de los animales.»
2. Un animal enorme con dientes muy largos.
3. Un animal castaño o negro que sabe andar como una persona y duerme durante el invierno.
4. Un animal que es el amigo del hombre.
5. Un animal que vive en la casa y hace mucho ruido por la noche.
6. Un animal con cuernos que da leche.
7. Un animal que trabaja para el hombre.
8. Un animal que parece pintado de amarillo, negro y blanco.
9. Un animal que imita a las personas.
10. Un pequeño animal que sabe volar.

V. Contesten ustedes:

¿Ha visto usted algún circo? ¿Era grande o pequeño? ¿Qué fieras tenía? ¿Cómo era el domador? ¿Por qué son tan divertidos los monos? ¿Cómo se visten los payasos? ¿Le gustaría a usted ser artista de circo? ¿Qué preferiría hacer? ¿Por qué es peligroso cuando se escapan las fieras de un circo? ¿Por qué no quieren matarlas los guardas?

VI. *Redacción*

(*a*) Escriban ustedes la autobiografía de un león — nacido en África — capturado — traído a Europa — la jaula — vendido a un circo — su vida después.

(*b*) Una fiera se escapa de un circo y se va por los campos o por las calles. Cuenten ustedes lo que pasa.

C

VII. Traduzcan ustedes al español:

That day Aunt Mary was going to take the children to Whipsnade so that they could take photographs of the animals. They got up early and had breakfast without their parents waking up, so as to be ready when Aunt Mary came to fetch them. They did not want her to have to wait for them. When they arrived at the zoo they were very pleased that the animals were not in cages; they had plenty of room so that they could walk about without turning round every five paces. The children took some good photographs of a lion and two lionesses, and another of a big white bear; then they came to the tigers. Elizabeth wanted the big tiger to go down to the stream so that she could watch him drink, but he preferred to stay under the trees and watch Elizabeth! Aunt Mary didn't want the children to return home late, so they left at four o'clock. It would be about six when they got home.

VIII. *Repaso*

Pongan ustedes un pronombre o un adjectivo relativo o interrogativo:

1. Era un hombre a — había visto antes.
2. Son mis libros, sin — no podía trabajar.
3. ¿— de las mujeres vive aquí?

4. ¡— pena! ¡Ha caído!
5. ¿— dinero hay en la caja?
6. Es el elefante — se ha escapado.
7. Aquí veis los taburetes en — se sientan los tigres.
8. Vimos — pasó en la calle.
9. ¿Para — es este paquete?
10. La casa a — íbamos era vieja.

PEGASOS, LINDOS PEGASOS...

Pegasos, lindos pegasos,
caballitos de madera.

. . . .

Yo conocí, siendo niño,
la alegría de dar vueltas
sobre un corcel colorado,
en una noche de fiesta.

En el aire polvoriento
chispeaban las candelas,
y la noche azul ardía
toda sembrada de estrellas.

¡Alegrías infantiles
que cuestan una moneda
de cobre, lindos pegasos,
caballitos de madera!

ANTONIO MACHADO

el pegaso, Pegasus, horse
el caballito (*dim. of* **caballo**), little horse
dar vueltas, to go round and round
el corcel, charger
colorado, -a, red
polvoriento, -a, dusty
chispear, to sparkle
la candela, light
sembrar (ie), to sow, to spangle
infantil, of childhood
la moneda, coin
el cobre, copper

LECCIÓN CATORCE

LA CARTA DE EDUARDO

Sr. José Luis Jiménez Carrasco

Calle Sorolla, 77 - 1º izq.

Castillohermoso

(Alicante)

Durante el trimestre de primavera, José recibió esta carta de Eduardo Sigüenza, el muchacho en cuya casa había celebrado la Nochevieja en Madrid con Teresa y el tío Adolfo. Eduardo era alumno de un Instituto y sus hermanos, Carmen y Rafael, estudiaban en la Universidad de Madrid.

MADRID, 25 *de marzo de* 1957

Amigo José:

Cuando recibas esta carta, supongo que te habrás olvidado de mí porque he tardado tanto tiempo en contestar a la tuya que recibí hace algunas semanas. Lo siento, pero los profesores nos ponen cada vez más ejercicios y luego nos dan notas malas en el boletín. Cuando yo estudie en la Universidad como Rafael, lo pasaré mejor, pues te aseguro que ese hermano mío y sus compañeros están siempre de juerga. Últimamente lo han pasado mejor que nunca con unos extranjeros que han venido a España a asistir a un curso. Dicen que a éstos les hacen falta guías para que no se pierdan por Madrid. Lo que pasa es que Rafael y sus amigos no quieren estudiar y mientras los extranjeros estén aquí, no estudiarán.

Es cierto que nuestros nuevos amigos son bastante divertidos. Entre ellos hay unos muy rubios y altos — no sé si de Suecia, Noruega o Dinamarca — y he hablado con un belga que ha vivido en África, un holandés que sabe bailes rusos y un francés que se dedica a la natación submarina. Entre las chicas también hay una bailarina italiana y dos alemanas que tocan la armónica, aunque estudian como fieras, tanto en España como en Grecia donde han estado viendo los monumentos antiguos. La que más me gusta a mí es una suiza guapísima que patina estupendamente.

Hay cuatro que son de Gran Bretaña y que yo tomé por ingleses pero ellos dicen que no lo son, porque dos de ellos son escoceses y en los bailes se ponen la falda que es su traje nacional. Otro es un irlandés muy alegre y el cuarto un galés que ha aprendido varias canciones madrileñas, y no las canta mal.

El día 19 de marzo, que era fiesta, Rafael y yo y otros diez u once españoles fuimos de paseo con otros tantos extranjeros, todos muchachos. Bajamos andando a la Plaza de Oriente a ver la catedral nueva que están edificando cerca del Palacio Real y después, subimos a un autobús que iba a la parte vieja. Cuando estábamos cruzando el viaducto, Alberto Morales, uno de los españoles, empezó a moverse de un lado para otro del autobús cantando a todo cantar. El cobrador se enfadó mucho y le dijo:

— Si no quiere estarse quieto, tendrá que bajar en cuanto lleguemos a la próxima parada.

Pero Alberto siguió haciendo el tonto y Pablo, que estaba a su lado, le dio un empujón. Alberto le contestó con otro. Luego un portugués y un argentino se levantaron para ayudar, o separar, a los dos chicos y — ¡pim! ¡pam! ¡cataplum! — en un momento todos, menos dos señores desconocidos que viajaban en el mismo autobús, estábamos peleándonos, casi muertos de risa.

A los dos o tres minutos, alguien se dio cuenta de repente de que no nos habíamos parado en la parte vieja y él gritó a los demás, así que dejamos por fin de pelearnos. Unos preguntaron al cobrador adónde íbamos, pero él no dijo más que:

— Cuando paremos, lo sabrán.

Luego preguntamos al conductor adónde nos llevaba y por fin nos dijo:

— No pararé hasta que lleguemos a la comisaría.

Creo que todos nos asustamos algo cuando el conductor habló de la comisaría, pero nadie quería creer lo que había dicho. De todas maneras, cuando paró el autobús, bajamos, muy formales y muy serios. En efecto, estábamos delante de una comisaría y todos tuvimos que entrar y sentarnos mientras el conductor y el cobrador hablaban con el comisario. Cuando terminaron de hablar, subieron otra vez al autobús y se marcharon con los señores desconocidos ¡dejándonos plantados! Luego el comisario nos dijo:

— En cuanto a ustedes, señores estudiantes, como alborotan tanto en los autobuses, pueden volver andando y cuando lleguen a casa, quizá habrán aprendido a portarse como personas sensatas. ¡A la calle — y tengan cuidado la próxima vez! ¡Adiós!

¡Y estábamos en la Colonia del Viso, donde no hay metro y los autobuses siempre van llenos! No tuvimos más remedio que ir a pie y tardamos más de tres cuartos de hora en regresar al centro. Menos mal que los extranjeros lo tomaron a broma, así que después de todo, terminamos muy amigos.

Y nada más por hoy. ¿Vas tú a Murcia a ver las procesiones de Semana Santa? De todas maneras, escríbeme antes de que empiecen las vacaciones.

Recuerdos a Teresa y saludos a tus padres.

Hasta que me escribas y que no seas perezoso,

EDUARDO

NOTES

la Colonia del Viso: an outlying residential district of Madrid.

procesiones de Semana Santa: during Holy Week, particularly on the night of Good Friday, processions take place in most large towns in Spain. These consist mainly of **pasos,** *i.e.*, groups of life-size figures representing scenes in the Easter story. The **pasos** are carried or pushed on wheels through the streets, accompanied by members of religious societies wearing long robes and having their faces covered by tall, pointed hoods with holes for the eyes. The most famous Holy Week processions are those of Seville, Valladolid and Murcia.

Recuerdos . . . saludos: greetings at the end of a letter to a correspondent or his family or friends. (*See* '*Las Cartas,*' *page* 189.)

VOCABULARY

los continentes	**los habitantes**
(**el**) **África** (*f*), Africa	**el africano, la africana**
Europa, Europe	**el europeo, la europea**

los países	los habitantes
Argentina (*f.*), Argentina	**el argentino, la argentina**
Alemania (*f.*), Germany	**el alemán, la alemana**
Bélgica (*f.*), Belgium	**el belga, la belga**
Dinamarca (*f.*), Denmark	**el danés, la danesa**
Gran Bretaña (*f.*), Great Britain	**el británico, la británica**
Escocia (*f.*), Scotland	**el escocés, la escocesa**
(**el país de**) **Gales,** Wales	**el galés, la galesa**
Inglaterra (*f.*), England	**el inglés, la inglesa**
Francia (*f.*), France	**el francés, la francesa**
Grecia (*f.*), Greece	**el griego, la griega**
Holanda (*f.*), Holland	**el holandés, la holandesa**
Irlanda (*f.*) **del Norte,** Northern Ireland; **Irlanda independiente,** Eire	**el irlandés, la irlandesa**
Italia (*f.*), Italy	**el italiano, la italiana**
Noruega (*f.*), Norway	**el noruego, la noruega**
Portugal (*m.*), Portugal	**el portugués, la portuguesa**
Rusia (*f.*), Russia	**el ruso, la rusa**
Suecia (*f.*), Sweden	**el sueco, la sueca**
Suiza (*f.*), Switzerland	**el suizo, la suiza**

N.B. Adjectives of nationality are the same as the nouns.

la armónica, mouth organ
el boletín, school report
el cobrador, conductor (on bus or tram, etc.)
la comisaría, police station
el comisario, superintendent of police
el conductor, driver
el curso, course
el ejercicio, exercise
el extranjero, foreigner
el guía, guide
el monumento, historic building
la natación, swimming
el traje, costume
la universidad, university
el viaducto, viaduct

alborotar, to cause a disturbance
cantar a todo cantar, to sing at the top of one's voice
dedicarse a, to go in for
edificar, to build
estarse, to remain
hacer falta, to be lacking (*see Grammar E*)
hacer el tonto, to play the fool

moverse (ue), to sway
patinar, to skate
pelearse, to fight
portarse, to behave
tardar en (+*inf.*), to take time in, to be a long time in
tomar a broma, to take as a joke

antiguo, -a, old, ancient (not used of persons)
en cuanto a, as for
desconocido, -a, strange, unknown
estupendamente, marvellously
guapísimo, -a, very pretty
lleno, -a, full
menos mal, fortunately
plantado, -a, in the lurch
quieto, -a, quiet
quizá, perhaps
sensato, -a, sensible
submarino, -a, under-water
tanto . . . como, both . . . and
últimamente, recently

USEFUL EXPRESSIONS

a los dos o tres minutos, two or three minutes later
estarse quieto, to keep quiet
no tener más remedio que (+*inf.*), not to be able to help (+*verb*)

QUESTIONS

1. ¿Cómo había conocido José a Eduardo Sigüenza?
2. ¿Por qué no había contestado antes Eduardo?
3. ¿Qué hacían Rafael y sus compañeros en vez de estudiar?
4. ¿Cuáles de los extranjeros eran rubios?
5. ¿Cuál de ellos le gustaba más a Eduardo?
6. ¿Quiénes eran los cuatro estudiantes de Gran Bretaña?
7. ¿Cuántos estudiantes salieron el día de fiesta?
8. ¿Adónde fueron?
9. ¿Por qué se enfadó el cobrador?
10. ¿Cómo se empezaron a pelear?
11. ¿Por qué dejaron de pelearse?
12. ¿Adónde iba a parar el autobús?
13. ¿Cómo bajaron del autobús?
14. ¿Qué pasó en la comisaría?
15. ¿Quiénes se fueron en el autobús?
16. ¿Cómo regresaron a casa los estudiantes?

17. ¿Cuánto tiempo tardaron en regresar al centro?
18. ¿Cómo se terminó la historia?
19. ¿En qué mes cae la Semana Santa?
20. ¿Por qué quería Eduardo que no fuese perezoso José?

GRAMMAR

A. *The Future Perfect*

This tense is formed with the future of **haber** and the past participle.

tomar

habré tomado	I shall have taken
habrás tomado	you will have taken
habrá tomado	he, she will have taken
habremos tomado	we shall have taken
habréis tomado	you will have taken
habrán tomado	they will have taken

comer

habré comido	I shall have eaten
habrás comido	you will have eaten
habrá comido	he, she will have eaten
habremos comido	we shall have eaten
habréis comido	you will have eaten
habrán comido	they will have eaten

This tense can also express probability.

Ya habrán llegado. They must have arrived by now.

B. *Subjunctive of Futurity*

cuando, when
así que / **en cuanto** } as soon as
hasta que, until
mientras, as long as
antes (de) que, before

These and similar conjunctions of time are followed by the subjunctive in Spanish when the action implied by the verb has not, or had not, yet taken place.

Cuando recibas esta carta . . . When you receive this letter . . .

Quiso que le contestara cuando recibiera su carta. He wanted him to reply when he received his letter.

In both cases, receiving the letter was a future event at the time of speaking.

Similarly:

Tendrá que bajar en cuanto lleguemos a la próxima parada. You will have to get off as soon as we get to the next stop. (We are not there yet.)

Dijo que tendríamos que bajar en cuanto llegáramos a la próxima parada. He said we should have to get off as soon as we got to the next stop. (We were not there yet.)

No pararé hasta que lleguemos a la comisaría. I shan't stop until we get to the police-station.

But:

No paró hasta que llegaron. He didn't stop until they arrived. (In this case they did actually arrive.)

Antes (**de**) **que** is always followed by the subjunctive.

No le vi antes que saliese. I didn't see him before he went out.

But when the subject of both clauses is the same, **antes de** + infinitive is used instead:

No saldré antes de terminar mi libro. I shall not go out before I have finished my book.

C. **Lo** *as grammatical Object or Complement*

In many English expressions such as 'I know,' 'they are,' 'I'll tell him,' the object or adjective complement is understood. This construction is not favoured by Spanish, which prefers to use **lo** to complete the sentence grammatically.

Will you tell him that I am here? Yes, I'll tell (it to) him.
¿ Quiere usted decirle que estoy aquí ? Sí, se *lo* diré.

They are stupid, aren't they? Yes, they are.
Son muy tontas, ¿verdad? Sí, *lo* son.

¿Do you know he is here? Yes, I know (it).
¿Sabe usted que está aquí? Sí, *lo* sé.

D. *Prepositions with names of Countries*

Voy *a* Francia. I am going *to* France.
Estoy *en* Inglaterra. I am *in* England.
Acabo de llegar *de* España. I have just arrived *from* Spain.

E. **Hacer falta**

This is a useful verb with several meanings—'to be necessary,' 'to be needed,' 'to be lacking.'

Hace falta salir cuanto antes. It is necessary to leave as soon as possible.

Los árboles hacen mucha falta. Trees are sorely lacking. *Or:* There is a great need of trees.

Les hacen falta guías. They need guides. *Or:* They are short of guides. (*Literally:* Guides are lacking to them.)

Me hace falta un diccionario. I need a dictionary.

F. **O** meaning 'or' changes to **u** before a noun beginning with **o-** or **ho-**.

Diez u once. Mujeres u hombres.

EJERCICIOS

A

I. Conjuguen ustedes (la segunda parte no se cambiará):

1. Habré comido (cuando den las dos.)
2. Habré trabajado cinco horas sin cesar.
3. Habré escrito antes de acostarme.

II. Pongan ustedes el verbo en el tiempo correcto:

1. Cuando (llegar), llamó a la puerta.
2. En cuanto (terminar), vengan ustedes a verme.

3. Les dijo que le había reconocido así que (verle).
4. No quiero que ustedes (escribirle) antes de que (venir).
5. Vamos a quedarnos aquí hasta que (empezar) a hacer frío.
6. Mientras ellos (quedarse) en el autobús haría falta portarse bien.
7. Tan pronto como (terminar) de comer, salieron al teatro.
8. Nos quedábamos en el pueblo los domingos hasta que (acabarse) la guerra.
9. En cuanto (ver) al elefante, lo mataríamos.
10. Prefirió castigarles en cuanto (hacer) una falta.
11. No hacía falta levantarse antes que (aparecer) el profesor.
12. Cuando usted (ver) uno, haga el favor de comprármelo.
13. Mientras él (estar) aquí, no saldré de mi habitación.
14. Esperaba cogerlos en cuanto (pasar) delante de mi casa.
15. Así que (ver) al guardia, se echaron a correr.

III. Pongan ustedes el verbo en futuro perfecto:

1. Pronto vosotros (estar) cuatro años en este colegio.
2. Espero que los niños (ponerse) los impermeables.
3. ¡Supongo que (ser) una broma tuya!
4. Estoy seguro de que (él, ir) a buscar cigarrillos.
5. Ya (estar) ustedes en Francia.
6. Si ha ido a Suiza, (ver) muchas montañas.
7. (Vosotros, oír) hablar de las faldas de los escoceses.
8. Los guardias (decirles) que no hay metro ni autobuses.
9. Es seguro que los estudiantes (pelearse).
10. Es cierto que (terminar, vosotros) este ejercicio.

IV. *Ejemplo:* ¿Son amarillos?: Sí, lo son. (*o:* No, no lo son.)

1. ¿Sabe usted qué día es?

2. ¿Son tontos los alumnos de esta clase?
3. ¿Comprende usted lo que dice el profesor?
4. ¿Hace frío en el invierno?
5. ¿Dice usted que no le gusta trabajar?
6. ¿Saben ustedes que es peligroso jugar en el camino?
7. ¿Está usted cansado (cansada)?
8. ¿Tendrá usted notas buenas en su próximo boletín?
9. ¿Es negra la pizarra?
10. ¿Son demasiado cortas las vacaciones?

B

V. *Ejemplo:* Inglaterra: Los ingleses y las inglesas viven en Inglaterra y hablan inglés.

Argentina	Dinamarca	Noruega
Alemania	Grecia	Portugal
Bélgica	Holanda	Rusia
Escocia	Irlanda	Suecia
Gales	Italia	Suiza

VI. Contesten ustedes:

¿En qué países hay montañas grandes? ¿Dónde no las hay? ¿Cuántas naciones hay en Gran Bretaña? ¿Adónde va la gente a pasar sus vacaciones? ¿En qué país hay muchos canales? ¿Cuáles son los países donde hacen mucho vino? ¿Qué cosas se hacen en Suiza? ¿Quiénes cantan mucho? ¿A qué países compramos mantequilla y huevos? ¿Cómo se llaman los países que están alrededor de Francia? ¿De dónde vinieron los *Vikings*? ¿Dónde se habla el español, fuera de España? ¿A qué país compramos sardinas?

VII. *Redacción*

(*a*) Usted sube a un autobús en una ciudad que no conoce. Busca cierta casa. Al bajar se pierde por completo. ¿Cómo encuentra por fin la casa que buscaba?

(*b*) Usted pasa sus vacaciones en un hotel donde hay muchos extranjeroso. Imagínese un episodio divertido, y escriba una carta a un amigo (una amiga) describiéndolo.

(*c*) Un viaje en un país extranjero.

C

VIII. Traduzcan ustedes al español;

"They are shutting the doors now. It must be time to start."

"Yes, Mother."

"When you get to your aunt's, don't forget to give her my letter."

"No, Mother."

"And when you go to bed, don't forget to say good-night to your aunt. And clean your teeth and wash yourself. And when you are in bed, don't read all night."

"No, Mother."

"Another thing—when you go to visit your grandmother, don't speak until[1] she speaks to you, and don't talk while she is talking. As soon as she goes to sleep, go out into the garden so as not to disturb her. When you are as old as she is, you won't want little girls[2] to chatter when you want to rest."

"No, Mother."

"Don't eat your lunch before the train stops at Reading. Ah, the engine's whistling. Goodbye."

"Goodbye, Mother."

"Goodbye. I know you will have forgotten everything I've said in[3] five minutes! Write to me this evening."

"Yes, Mother. Goodbye."

[1] *antes que* [2] *las* is necessary [3] *dentro de*

INSTITUTO NACIONAL DE ENSEÑANZA MEDIA

BOLETIN DE CALIFICACIONES Y ESCOLARIDAD

Correspondiente a Abril/Mayo

Curso 4º Núm. 24

Alumno Eduardo Sigüenza López

ASIGNATURAS	CALIFICACION	CONDUCTA	OBSERVACIONES
Religión	Ocho	Buena	Las faltas reseñadas han sido justificadas debidamente.
Lengua y Lit. Españolas	Cinco	"	
Latín	Cinco	"	
Geografía-Historia	Siete	"	
Matemáticas	Seis	"	
Ciencias Naturales	Ocho	"	
~~Francés~~ Inglés	Nueve	"	
Física }	Cinco	"	
Química }			
Griego	—	—	
Filosofía	—	—	
Dibujo	Apto	Buena	
Formación E. Nacional	Cinco	"	
Educación Física	Seis	"	
Hogar	—	—	

Faltas de asistencia	Dos
Faltas de puntualidad	—

25 de Mayo 1957

El Jefe de Estudios,

NOTES

This type of report is sent out every two months. A report showing marks obtained during the whole school year is sent to parents at the end of the summer term.

Núm. 24: This indicates the pupil's number on the register, not his position in order of merit.

Calificación: These marks are allotted out of a total of 10.

Observaciones: 'Remarks.' A parallel in English would be: 'Adequate excuse was shown for the absences noted here.'

Formación de Educación Nacional: This corresponds to civics.

Hogar: *i.e.*, **Escuela de hogar,** 'domestic science'; **el hogar** means 'hearth' and is used for 'home.'

Faltas de asistencia: 'Absences.'

Faltas de puntualidad: 'Number of times late.'

Jefe de Estudios: This is a master who, in addition to his teaching, is responsible for school records, reports and general discipline. There are no form masters and mistresses in Spanish schools.

VOCABULARY

la lengua, grammar

las ciencias naturales, botany and zoology

la filosofía, philosophy (taught in senior forms only)

apto, shows ability

LECCIÓN QUINCE

EN LA GRANJA

Cuando hubieron terminado las vacaciones, empezó el tercer trimestre, que era el de los exámenes de fin de curso, pero también era la época de las excursiones cuando los alumnos del Instituto de Castillohermoso iban a ver sitios interesantes. Ese año, los de quinto curso, el de José, fueron a «La Pineda», una granja moderna situada cerca de un pinar. Después de bajar del autobús especial que los llevó a una aldea llamada San Roque, llegaron a la granja por un sendero que cruzaba un huerto de olivos donde se oía el cantar de los pájaros.

Apenas hubieron entrado por la puerta principal cuando salió un perro cojo que ladraba muy fuerte. Detrás de él salió don Javier, el granjero, que le gritó, enfadado:

— ¡Quieto, Curri! Estos señores son amigos.

El perro se detuvo, algo avergonzado, y el granjero saludó amablemente a los visitantes.

— No hagan caso al perro — dijo —. Siempre ladra de esta manera, pero es muy bueno y cuando les conozca, les tratará como amigos ¿verdad, Curri?

Curri movió la cola y se fue a sentar a la puerta de la casa de don Javier, donde podía vigilar con cuidado a los chicos mientras éstos empezaban la visita a la granja.

Don Javier les enseñó primero el establo de las vacas, vacío en ese momento, pero muy limpio. Luego vieron varios de los animales. En un corral había unas veinte vacas, algunas con terneros, y en otro, numerosas gallinas

con unos cuantos pollitos. En la pocilga, los cerdos gruñeron ruidosamente cuando se les dio de comer, pero tenían un comedero tan bien arreglado que no podían tirar la comida por el suelo.

—¿Tienen ustedes caballos, señor? —preguntó José, que se aburría un poco con los cerdos.

—¡Claro que sí! —contestó don Javier—. Vamos a la cuadra ahora mismo. Tenemos allí cuatro caballos muy hermosos, uno de los cuales pertenece a un señor que toma parte en pruebas de equitación y que no tiene cuadra para su caballo.

José, que tenía muchas ganas de aprender a montar a caballo, y su amigo Vicente se quedaron en la cuadra más tiempo que sus compañeros haciendo preguntas a Paco, el mozo de cuadra. Mientras charlaban, un burro con alforjas que estaba atado en el corral, empezó a rebuznar.

—¡Cállate, Rucito! —le gritó Paco—. ¡No seas impaciente!

En el mismo momento, salió de la casa un niño llevando un gatito que metió cuidadosamente en una de las alforjas. Luego desató el burro, montó en él y gritó:

—¡Arre, Rucito! ¡A casa!

El burro partió al trote y Paco dijo:

—Tenemos una gata con crías y aquel niño se lleva un gatito a una granja vecina.

José y Vicente no querían alejarse de la cuadra, pero Paco tenía que seguir trabajando, así que se fueron a buscar al grupo. Pasaron por los campos detrás de los corrales, donde se cultivaban en diferentes épocas, lechugas, guisantes, judías y cebollas; vieron también el huerto donde había perales, manzanos y almendros y algunos naranjos y limoneros. Por fin encontraron a sus compañeros en la lechería con don Javier, que les estaba explicando cómo se preparaban las botellas de leche para la venta. Cuando hubo terminado de hablar, llevó a los chicos al patio donde había una hermosa parra, y allí se sentaron a almorzar. Hacía dos o tres minutos que estaban comiendo cuando Curri salió de la casa con una cesta que puso en el suelo delante de su amo.

— ¿Qué me traes ahí, Curri? — dijo éste —. Cerezas ¿eh? Se las envía mi mujer — continuó, dirigiéndose a los muchachos —. ¡Sírvanse! Son muy ricas.

— ¿Desde cuándo tienen ustedes ese perro tan listo? — preguntó don Cecilio, el profesor de geografía, cuando hubo dado las gracias a don Javier —. Me parece que no lo vi cuando vinimos aquí hace dos años.

— Es verdad. No lo vio usted porque vive con nosotros desde hace un año, nada más — respondió don Javier —, y nos vino de una manera muy rara. Si les interesa, les contaré su historia mientras están comiendo.

(*Continuará*)

VOCABULARY

la granja

el comedero, trough
el corral, farmyard
la cuadra, stable
el establo, cow-shed
el gallinero, hen-house
el huerto, orchard
la lechería, dairy
la pocilga, pig-sty

los animales y las aves

el ave (*f.*), bird
el burro, donkey
el cerdo, pig
la gallina, hen
el gallo, cock
la gata, cat (*fem.*)
el gatito, kitten
el pollito, chick
el ternero (**la ternera**), calf

las legumbres

el guisante, pea
la judía, French bean
la lechuga, lettuce

los árboles frutales	**las frutas**
el almendro, almond tree	**la almendra**
el cerezo, cherry tree	**la cereza**
el limonero, lemon tree	**el limón**
el manzano, apple tree	**la manzana**
el naranjo, orange tree	**la naranja**
el olivo, olive tree	**la aceituna**
la parra, climbing vine	**la uva**
el peral, pear tree	**la pera**

personas de la granja

el granjero, farmer
el mozo de cuadra, stable-boy

la aldea, (small) village
las alforjas, saddle-bags
el amo, master
el cantar (*verb used as noun*), song
la época, season, time
la geografía, geography
el grupo, party, group
la historia, story
el pájaro, (small) bird
el pinar, la pineda, pine-wood
la prueba de equitación, horse trial
el sendero, path
el trote, trot
la venta, sale
el visitante, visitor

arreglar, to arrange
atar, to tie, to tether
cultivar, to grow, to cultivate
desatar, to unfasten, to loose
gruñir, to grunt
hacer caso a, to take notice of
llevarse, to take away
meter en, to put inside
montar a caballo, to ride a horse
partir, to set off
pertenecer, to belong
rebuznar, to bray
tener ganas de, to want to
tirar, to throw, to upset
tratar, to treat
vigilar, to keep an eye on

¡Arre! Gee up!
avergonzado, -a, ashamed
cojo, -a, lame
cuidadosamente, carefully
desde, since
diferente, different
moderno, -a, modern, up-to-date
nada más, only
situado, -a, situated
unos cuantos (**unas cuantas**), a few
vacío, -a, empty
vecino, -a, neighbouring

USEFUL EXPRESSIONS

dar de comer a, to feed
¡Sírvase! Help yourself!

QUESTIONS

1. ¿Qué pasa en el tercer trimestre?
2. ¿Para qué hacen excursiones?
3. ¿Adónde fueron los del quinto curso?
4. ¿Cómo subieron a la granja?
5. ¿Por qué se calló el perro?
6. ¿Qué visitaron primero?
7. ¿Qué animales vieron?
8. ¿Por qué estaba limpia la pocilga?
9. ¿Cuántos caballos tenían? ¿De quiénes eran?
10. ¿Por qué se interesaba José por los caballos?
11. ¿Qué oyeron mientras charlaban?
12. ¿Quién montó en el burro? ¿Qué llevaba?
13. ¿Qué cultivaban en los campos?
14. ¿Por dónde fueron antes de encontrar a sus compañeros?
15. ¿Dónde estaban éstos, y con quién?
16. ¿Para qué sirven las parras?
17. ¿Cómo llegaron las cerezas?
18. ¿Por qué no había visto antes al perro don Javier?

GRAMMAR

A. *The Past Anterior* (*Pretérito Perfecto*)

This tense has the same meaning as the pluperfect, but is used instead of it after certain conjunctions of time to show that the action in the subordinate clause happened before the action in the main clause. It is not used unless the verb in the main clause is in the preterite.

It is necessary for you to learn this tense, since you will be constantly meeting it in Spanish texts. In modern Spanish, however, it is rarely used, being replaced by the preterite.

The principal conjunctions concerned are: **así que, tan pronto como, en cuanto,** 'as soon as'; **cuando,** 'when'; **luego que,** 'after'; **apenas,** 'no sooner, hardly'.

Formation: Preterite of **haber** + past participle.

entrar

hube entrado	I had entered
hubiste entrado	you had entered
hubo entrado	he, she had entered
hubimos entrado	we had entered
hubisteis entrado	you had entered
hubieron entrado	they had entered

Apenas hubieron entrado por la puerta cuando salió un perro.

Hardly had they entered the gate when a dog came out.

Cuando hubo terminado de hablar, llevó a los chicos al patio.

When he had finished speaking, he took the children into the patio.

Modern Usage

Luego que terminaron de almorzar, el granjero les contó la historia de Curri.

After they had finished lunch, the farmer told them the story of Curri.

Apenas nos sentamos cuando entró el médico.

No sooner had we sat down than the doctor came in.

In each of these sentences, the action of the first clause takes place *before* that of the second.

B. *Formation of Adverbs*

1. General Rule: to form an adverb from an adjective, add **-mente** to the feminine singular.

Rápido, rápidamente; lento, lentamente; evidente, evidentemente; impaciente, impacientemente; cortés, cortésmente; feliz, felizmente.

2. If two adverbs come together, only the second one takes **-mente.**

Se acercó silenciosa y cuidadosamente.
He approached silently and carefully.

3. It is obvious from the above examples that some adverbs are very long. The Spaniard often avoids these in one of three ways:

(*a*) By using an adjective instead:
Se acercó, silencioso y cuidadoso.
He approached, silent and careful.

(*b*) By using **con** with a noun:
Se acercó con cuidado (*for* **cuidadosamente**).

(*c*) By using **de una manera:**
Lo hizo de una manera muy rara (*for* **raramente**).
He did it in a very curious way.

4. Comparison:

fuertemente	**más fuertemente**	**lo más fuertemente**
strongly	more strongly	most strongly
rápidamente	**menos rápidamente**	**lo menos rápidamente**
quickly	less quickly	least quickly

Note also:

bien	well	**mejor**	better	**lo mejor**	best
mal	badly	**peor**	worse	**lo peor**	the worst

C. *Expressions of time with* **hacer**

Hace dos años que vive aquí.
Vive aquí desde hace dos años. } He has been living here for two years.

¿Desde cuándo vive aquí?
¿Cuánto tiempo hace que vive aquí? } How long has he been living here?

In these expressions where English uses the perfect tense, Spanish uses the present, because he *is living* here *still.*

Similarly:

Hacía dos años que vivía allí. **Vivía allí desde hacía dos años.**	He had been living there for two years.
¿Desde cuándo vivía allí? **¿Cuánto tiempo hacía que vivía allí?**	How long had he been living there?

Again, Spanish uses the imperfect tense, not the pluperfect, because he was living there still.

N.B. Only the present and imperfect tenses are found in Spanish with this construction; no other tense is possible.

D. Note the preterite of **gruñir: gruñó, gruñeron.** Verbs with **ñ** at the end of the stem drop a following **i** when it is unstressed. **Reñir,** 'to scold,' is another example.

EJERCICIOS

A

I. Ejercicio de modernación. Buscar en el texto los verbos en pretérito perfecto, y cambiarlos al pretérito.

II. Pongan ustedes el verbo en (*a*) pretérito perfecto (antiguo); (*b*) pretérito (moderno):

1. Cuando (acabar) mis deberes, me acosté.
2. En cuanto (terminar) de cenar, se sentaron en el patio.
3. Así que (ver) los caballos, fueron a buscar a sus compañeros.
4. Luego que el granjero (dar) de comer a los cerdos, visitaron las gallinas.
5. Tan pronto como (hablar) don Javier, los chicos miraron al perro.
6. Apenas (aparecer) el perro cuando salió su amo.
7. En cuanto (reconocer) a su hijo, fue a hablarle.

8. Cuando (nosotros, beber) el té, me marché.
9. Apenas (subir) los estudiantes cuando el autobús salió.
10. En cuanto (vestirme) llegó el cartero.

III. Hagan ustedes adverbios:

Fácil; especial; fuerte; quieto; amable; cuidadoso; primero; ruidoso; hermoso; impaciente; diferente; listo; verdadero; raro; increíble; típico; nuevo; ansioso; triste; exasperado.

IV. (*a*) Contesten ustedes:

1. ¿Cuánto tiempo hace que aprenden el español?
2. ¿Desde cuándo vive usted en su casa?
3. ¿Cuánto tiempo hacía que esperaba usted en el patio del colegio antes de entrar esta mañana?
4. ¿Desde cuándo dormía usted cuando se despertó hoy?
5. ¿Cuánto tiempo hace que aprende matemáticas?

(*b*) Digan ustedes en español:

6. I had been waiting for two hours.
7. He has been living in London for three years.
8. They have only been here five minutes.
9. We had known this for two days.
10. You have been talking for forty minutes without stopping.

B

V. (*a*) ¿Qué es: un huerto? un granjero? un establo? un gallinero? una pocilga? un comedero? una cuadra? una lechería? una parra?

(*b*) Cómo se llaman las crías de: las vacas? las gallinas? los gatos?

(*c*) Den ustedes los nombres de cuatro legumbres y cuatro árboles que se cultivan en la granja, y los nombres de cinco animales.

VI. ¿Para qué sirven: el burro? el caballo? la vaca? el perro? el gato? la gallina? el cerdo?

VII. *Redacción*

(*a*) Describan ustedes una visita a una granja en Inglaterra.

(*b*) Un perro desconocido le sigue a usted hasta su casa. No quiere irse y se queda con usted. El día siguiente usted va a la comisaría a ver si alguien lo ha perdido. ¿Qué pasa?

C

VIII. Traduzcan ustedes al español:

As soon as they had finished their meal the two girls got up and went on their way. They were walking more quickly so as not to be[1] late. When they had walked as far as the path which went through the olive-grove, they stopped (for) a moment to look at the white buildings of the farm in the distance.[2] They had scarcely come out of the olive-grove when a dog barked noisily. "Don't be afraid," said Conchita; "it's our old dog—don't take any notice of him." They walked carefully through the farmyard, because there were chickens everywhere. On the right some pigs were grunting, and an old grey donkey brayed loudly. "The horses are here," said Conchita, and when she had opened the stable-door quietly, Carmela saw four black horses. "You can ride every day as long as you are here," said her friend, kindly. "Thank you," said Carmela, "I shall have time enough for once!"

[1] *llegar* [2] *a lo lejos*

IX. *Repaso*

Traduzcan ustedes:

I have seen; you were going (*usted*); they had looked;

we shall see; he would know; she bought; I am reading; they used to get up early; we shall have started out; he ran upstairs; as soon as he had finished; we are waiting; she was saying; in order that I may go; as long as you are there.

LECCIÓN DIECISÉIS

AVENTURA DE UN PERRO

En efecto, las cerezas eran buenas y los chicos las aceptaron, muy agradecidos, acariciando a Curri.

— Me alegro de que se hayan hecho amigos de Curri — dijo don Javier —, pero les ruego no le den de comer ahora. ¡Vete, Curri, la señora te llama!

Curri volvió a entrar en la casa y los chicos pidieron a don Javier que les contase su historia.

— Bueno — empezó —, era un día de junio del año pasado. Durante la noche había estallado una tormenta terrible con truenos, relámpagos, lluvia y granizo — cosa rara en junio — y como habíamos dormido muy mal, no madrugamos tanto como de costumbre, así que apenas estuvimos levantados cuando llegó aquí al amanecer un verdulero con un camión donde había unos sacos de habas. Íbamos a cargar el camión de guisantes cuando vimos este perro tendido en un rincón; parecía tener la pata rota, estaba muy sucio y temblaba de miedo. Como el verdulero no sabía cómo había subido al camión, ni de quién era, le rogamos que, al llegar al mercado, preguntara si alguien había perdido un perro; mientras tanto, prometimos tenerlo aquí.

El veterinario le curó la pata y nosotros lo cuidamos mucho pero, a pesar de todo, se ha quedado un poco cojo.

— ¿Y el amo no apareció? — preguntó Vicente.

— Entonces, no. A pesar de todos nuestros esfuerzos, no conseguimos encontrarle, así que empezamos a considerar al perro como nuestro. Aparte de lo de la pata, se había puesto muy bien y parecía contento aquí; además, cuando nos enteramos de que sabía llevar cosas en la boca, se nos hizo muy útil. Pero la historia no está terminada aún. Hacía casi un mes que vivía con nosotros cuando unos labradores lo llevaron a un maizal que tenemos a unos kilómetros de la granja, y allí se estuvo con ellos mientras trabajaban. Al mediodía, almorzaron allí en el campo; dieron de comer al perro y como tenían el botijo, le dieron de beber en una fiambrera, de modo que no le hacía falta nada; pero cuando se despertaron después de echar la siesta, no lo encontraron por ninguna parte; sin embargo, como no creían que nadie lo hubiera robado, supusieron que volvería y siguieron trabajando. En efecto, una hora después, apareció Curri, acompañado por un hombre desconocido. Al saludarle los labradores, dijo que se llamaba Isidoro Baidal y que el perro era suyo. Nadie podía pensar que mintiera pues se veía que Curri le quería mucho, de modo que le pidieron que les refiriera lo que había pasado con el perro.

Fue una historia algo triste. El buen hombre había sido encargado de un cultivador de melones que vivía cerca de Elche. El día antes de la tormenta del mes anterior, al anochecer, se había pegado fuego a un almiar — sin duda porque alguien había tirado un cigarrillo encendido. Del almiar el fuego se extendió a la cuadra y la casa del granjero también estaba ardiendo antes de que los bomberos pudieran apagar el incendio. Después, estalló la tormenta y con todo el jaleo, nadie se acordó del pobre perro hasta la mañana siguiente, cuando se enteraron de que había desaparecido. Claro que los labradores contaron entonces a Baidal cómo el perro había llegado a la granja y al saberlo, Baidal dijo que no le extrañaba que hubiese subido a un camión porque estaba acostumbrado a ir de guarda en los camiones de melones. Terminando su historia, dijo que había perdido su puesto en Elche a consecuencia del incendio y por eso, estaba todavía visitando las granjas vecinas en busca de trabajo y ese día, en la carretera, había tenido la alegría de encontrar a Curri. (Fue entonces cuando nos enteramos de que se llamaba Curri.)

— Al verme — continuó Baidal —, me saltó encima y, a su manera, me hizo que le acompañara hasta este campo, y aquí me tienen ustedes.

Cuando los labradores se enteraron de que buscaba trabajo, le dijeron que viniera con ellos a «La Pineda» y aquí, gracias a Curri, está trabajando ahora — ¡y qué buen trabajador es! Le debemos mucho a Curri . . . ¡Hombre! ¡Aquí viene nuestro Isidoro en persona! — exclamó don Javier, al ver a un hombre moreno que entraba en el patio llevando un ramo de flores.

Los chicos le saludaron y don Javier le dijo:

— Oye, Isidoro, si vas a llevar ese hermoso ramo de claveles a mi señora, dile por favor que salga a ver a estos señores y que nos traiga el porrón con un buen vino de Alicante y aquí beberemos todos a la salud de Curri.

NOTES

botijo: a porous earthenware vessel in which water may be kept cool. Spaniards drink by holding it above their heads, the water coming out in a thin stream through a small aperture.

Elche: a town near Alicante famous for its palm forest and melons.

campo: in the sense of 'field,' **campo** is often replaced in Spanish by such words as **maizal,** 'maize-field,' or **trigal,** 'wheat-field' (**el trigo,** wheat).

señora: a gentleman may refer to his wife as **mi mujer,** but it is considered more polite for others to speak to him of her as **su señora.** In speaking to a lady of her husband, one may say **su marido,** but it is preferable to use his name, *e.g.*, **don Juan, el señor Méndez,** etc. **Su señor** is not used in this sense. The words **esposo, esposa** are in less common use.

el porrón: a glass vessel for wine used in the same way as the **botijo** (*See illustration, page* 180.)

VOCABULARY

el almiar, haystack
el amanecer, dawn (*also verb,* to dawn)
el anochecer, nightfall (*also verb,* to grow dark)
el camión, lorry
la carretera, highroad
el clavel, carnation
la consecuencia, consequence
el cultivador, grower
el encargado, foreman
la fiambrera, tin for carrying food
el granizo, hail
el haba (*f.*), broad bean
el incendio, fire
el kilómetro, kilometre
el labrador, farm worker
la lluvia, rain
el maizal, maize-field (**el maíz,** maize)
el melón, melon
la pata, paw
el puesto, post, job
el ramo, bunch (of flowers)
el relámpago, lightning
el saco, sack
la salud, health
la tormenta, storm
el trueno, thunder
el verdulero, greengrocer
el veterinario, veterinary surgeon

acariciar, to stroke
apagar, to extinguish
agradecer una cosa a alguien, to be grateful to someone for something
considerar, to consider
cuidar, to look after
curar, to tend
deber, to owe
despertarse (ie), to wake up
enterarse de que, to find out
estallarse, to break (of storm)
extenderse (ie), to spread
madrugar, to get up early
mandar, to order, to command
mentir (ie, i), to tell lies

pegarse fuego a, to catch fire
prometer, to promise
referir (ie, i), to recount
robar, to steal
rogar (ue), to request

aparte de, apart from
tendido, -a, lying down
terrible, terrible
útil, useful

USEFUL EXPRESSIONS

arder, to be on fire
a consecuencia de, as a result of
como de costumbre, as usual
hacerse amigo de, to make friends with
por ninguna parte, nowhere
se pegó fuego a la casa, the house caught fire

QUESTIONS

1. ¿Por qué acariciaron los chicos a Curri?
2. ¿Qué había pasado en junio, hacía un año?
3. ¿Quién llegó a la mañana siguiente?
4. ¿De qué iban a cargar el camión?
5. ¿Dónde estaba el perro?
6. ¿Cómo había subido al camión?
7. ¿Qué rogaron al verdulero?
8. ¿Qué se hizo con la pata rota?
9. ¿Quién era el amo de Curri?
10. ¿Cómo se hizo Curri muy útil al granjero?
11. ¿Adónde fueron a trabajar los labradores?
12. ¿Cuándo se enteraron de que Curri había desaparecido?
13. ¿Con quién volvió?
14. ¿Cómo se sabía que era el verdadero amo de Curri?
15. ¿Qué había pasado en la granja donde trabajaba Baidal?
16. ¿Cómo desapareció Curri sin que nadie se enterase?
17. ¿Por qué visitaba Baidal las granjas?
18. ¿Cómo acogió Curri a su amo?
19. ¿Qué hicieron los labradores?
20. ¿Dónde está Baidal ahora?

GRAMMAR

A. (1) *The Perfect Subjunctive*

Formation: Present subjunctive of **haber** + past participle.

venir

haya venido	**hayamos venido**
hayas venido	**hayáis venido**
haya venido	**hayan venido**

(2) *The Pluperfect Subjunctive*

Formation: Imperfect (or conditional) subjunctive of **haber** + past participle.

hubiese venido		**hubiera venido**
hubieses venido		**hubieras venido**
hubiese venido	OR	**hubiera venido**
hubiésemos venido		**hubiéramos venido**
hubieseis venido		**hubierais venido**
hubiesen venido		**hubieran venido**

Examples:

Me extraña que haya venido.
I am surprised that he has come.

Me extrañaba que hubiese venido.
I was surprised that he had come.

Ha llegado sin que le hayamos visto.
He has arrived without our having seen him.

Se ha enfadado de que no hubiésemos ido a verle.
He has been annoyed that we hadn't been to see him.

B. The subjunctive is used in clauses depending on a verb of requesting or commanding.

Le rogamos que preguntara si alguien había perdido un perro.
We requested him to ask if anyone had lost a dog.

Los chicos pidieron a don Javier que les contase su historia.
The boys asked don Javier to tell them his story.

Dile que salga a ver a estos señores.
Tell her to come out to see these gentlemen.

Que is often omitted in commands and requests.

Les ruego no le den de comer ahora.
I ask you not to feed him now.

Les mandó viniesen en seguida.
He ordered them to come at once.

C. The subjunctive is used in clauses depending on a verb of saying, thinking or believing used in the *negative.*

No digo que lo hayan robado.
I don't say they have stolen him.

No creían que nadie lo hubiera robado.
They didn't believe that anyone had stolen him.

Nadie podía pensar que mintiera.
No one could think that he was lying.

But when the subordinate clause is a statement of fact, the indicative must be used instead.

Usted no ha dicho que es un perro muy bueno.
You have not said that he is a very good dog (which, in fact, he is).

D. Present participles should normally refer to the subject of the sentence in Spanish.

Entrando en la sala, vio a un hombre. Entering the room, he saw a man.

When the present participle in English refers to the object of the sentence, or to a subject complement, not to the actual subject, **que** with the present or imperfect should be used in Spanish.

He saw a man entering. **Vio a un hombre que entraba.**
I can see the horses running. **Veo a los caballos que corren.**
There is a woman talking. **Hay una mujer que habla.**

E. **Lo** is often used to sum up the whole of a preceding story or argument.

Lo de la pata, the matter of his paw.
Lo del colegio, all that about school, that business of school.

EJERCICIOS

A

I. Conjuguen ustedes (la primera parte no se cambiará):

1. (La profesora tiene miedo de que) me haya caído.
2. (Les extraña que) hubiese aprobado yo.
3. (No les gustó que) yo hubiera entrado.

II. Pongan ustedes el verbo en perfecto o pluscuamperfecto de subjuntivo:

1. Sentimos mucho que (morirse) su madre.
2. No nos parecía que aquel caballo (llegar) primero.
3. Me gustaría que los niños (acostarse) al volver.
4. Se alegraron de que su amigo (tener) tanta suerte.
5. Siento que el perro (romperse) la pata.
6. No pienso que ellos (salir) todavía.
7. No creo que este caballero (estar) en París.
8. No decía que el verdulero (mentir).
9. Tengo miedo de que mi tío (tener) algún accidente.
10. Estuvieron muy contentos que nosotras (visitarles).

III. Pongan ustedes los verbos en el tiempo correcto:

— Queridas alumnas — dijo la profesora — antes de que ustedes (irse) quiero decirles que me alegro de que (trabajar) mejor este trimestre sin que yo (tener) que mandarles que (hacer) más deberes. Yo habría preferido que (sacar) mejores notas y quiero que (hacer) un esfuerzo para que (poder) darles boletines mejores en junio. No digo que los de hoy (ser) francamente malos, pero cuando (llegar) ustedes a casa, no creo que sus padres (estar) muy contentos. [Teresa, la ruego no (mirar) por la ventana.] Siento que ustedes todavía no (hacer) excursiones durante este trimestre, pero en cuanto (llegar) el buen tiempo, podremos hacer unas visitas. Ahora que hablamos de eso, quiero decirles que cuando (salir) juntas, deseo que no (olvidarse) ustedes de que representan al colegio; no me gustaría que todo el mundo (pensar) cosas malas de nosotras. [Juanita, ¡no (mirar) el reloj!] Para terminar, [Conchita, no me gusta que usted (decir) «¡Por fin!»] les deseo felices vacaciones, que (descansar) y que (tener) salud.

IV. Traduzcan ustedes:

1. I saw a man running along the street.
2. Going up the hill, they went through some olive-trees.
3. This examination business is serious.
4. There were some men loading a lorry.
5. In front of the farm, we saw a woman feeding the hens.
6. Can you hear that noise coming from the stable?
7. Before the matter of the books, we must consider the business of the desks.
8. Coming out of the theatre, we met Mary.
9. We met Mary coming out of the theatre.
10. We heard him telling his story to the farm-labourers.

B

V. Cambien ustedes la historia de Curri al presente desde «En efecto, una hora después . . .» hasta «aquí me tienen ustedes.» (Los verbos en pluscuamperfecto se pondrán en perfecto de indicativo o de subjuntivo.)

VI. Mi tío Zacarías dice ...

... que el peinado de las chicas de hoy es ridículo por completo.

... que los chicos no deberían leer periódicos, que son para personas mayores.

... que hoy hay demasiadas cosas en latas y tarros; cuando era joven, la comida se hacía en casa, y era mejor.

¿Qué les parece? ¿Tiene razón, o es más tonto que nunca?

VII. *Redacción*

(*a*) Un verdulero sale con su camión por la mañana, va a una granja, carga su camión y vuelve al mercado. Cuenten ustedes su viaje.

(*b*) Una tormenta estalla mientras usted está dando un paseo en el campo. ¿Qué hace usted? (**El refugio,** shelter; **refugiarse,** to shelter.)

C

VIII. Traduzcan ustedes:

"It was a terrible storm," said my grandfather. "That day, it had been very hot, and as soon as we had finished lunch, we lay down in the shade of the big apple tree and went to sleep ... When I woke up, my mother asked me to help her to feed the animals, then she told me to close all the windows because the sky was covered with big, black clouds. I said I didn't think there would be a storm, but she wanted me to do it, nevertheless. No sooner had I finished than the storm broke. The thunder and lightning were terrible, and went on all night. About one o'clock, a flash of lightning set the straw on fire, and we were afraid the fire would spread to the stable, but a moment later it began to rain in torrents[1] and the rain soon put the fire out. My father made me go back to bed, but the next morning I looked[2] so tired that Mother said, 'I don't think you have slept much!' I didn't believe she had slept either! I don't say you haven't seen some big storms, my boy,[3] but I don't think they were as big as that one!"

[1] *a torrentes* [2] *parecer* [3] *hijo mío*

LAS CARTAS

1. En la parte superior de una carta, los españoles suelen poner solamente el nombre de la ciudad desde donde la escriben, con la fecha. El nombre y la dirección del que escribe la carta se ponen en la parte posterior del sobre, así:

Remitente: Vicente Rueda, Isabel la Católica, 21, Castillohermoso.

En vez de **Remitente,** se puede poner **Remite** (3ª persona del singular del verbo **remitir**), o solamente **Rte.**

2. Las cartas en español deben empezarse y terminarse así:

(*a*) Entre amigos o parientes:

Principio	*Esto equivale a:*
Querido Juan: **Querida Juanita:**	(My) dear John, etc.
Despedida	
Saludos a los tuyos y para ti un abrazo de (Firma)	All the best to you and the family from (Signature)
Y sin nada más por ahora, te abraza tu buen amigo (tu buena amiga) (Firma)	With love from (Signature)
Cariñosamente	Yours affectionately

(*b*) Entre amigos no tan íntimos:

Principio

Querido amigo Juan: **Querida amiga Juana:** **Amigo Juan (Amiga Manuela):**	Dear John, etc.

Despedida

Afectuosos recuerdos de **Le saluda afectuosamente**	Yours very sincerely

(*c*) Entre conocidos:

Principio

Mi estimado amigo: **Mi estimada amiga:** **Muy distinguido señor:** **Muy apreciable doña Josefa:**	Dear Mr. (Mrs., Miss) ——,

Despedida

Le saluda atentamente	Yours sincerely

(*d*) Cartas comerciales:

Principio

Muy señor mío: **Muy señora mía:**	Dear Sir (Madam),

Despedida

Le saluda atentamente **Soy de usted afmo. (afma.) S.S. q.e.s.m.** [Soy de usted afectísimo (-a) seguro (-a) servidor (-ora) que estrecha su mano]	Yours faithfully *or* Yours truly

Nota: Se ponen dos puntos (:) en vez de una coma (,) después del principio de la carta en español. El final de la carta se escribe muchas veces en tercera persona.

3. Un español no suele decir «Gracias por su carta»; dice únicamente que la ha recibido.

4. El nombre y la dirección de la persona a quien la carta va dirigida se escriben en el sobre así:

(*a*) A un señor (a partir de la edad de 16 o 17 años):

Sr. Don Adolfo Carrasco Casares,
Calle del Barquillo, 2–3° izq.,[1]
Villapeña,
Alicante.

(*b*) A una señora casada:

Sra. Doña Francisca Morales de Gorrión,
c/Prim, 139–4° dcha.,[2]
San Sebastián.

(*c*) A una señorita:

Srta. Carmen Iriarte,
Villa Eulalia,
San Juan,
Alicante.

(*d*) A un muchacho joven:

Véase la página 152.

Nota: El nombre de la calle se escribe con **Calle (de, del, de la,** etc.) como en los ejemplos (*a*) y (*d*); con **c/**, como en el ejemplo (*b*); o solo, por ejemplo: **Barquillo, 2–3° izq.**

VOCABULARY

el conocido, acquaintance
la despedida, farewell
la dirección, address
el final, end
la firma, signature
el principio, beginning

[1] No. 2, 3rd floor, left-hand flat
[2] No. 139, 4th floor, right-hand flat

el remitente, sender
equivaler (*like* **valer**) **a,** to be equivalent to
firmar, to sign
el sobre, envelope
remitir, to send, to remit
soler (**ue**) (+*inf.*), to be in the habit of (+*verb*)

cariñosamente, affectionately
casado, -a, married
íntimo, -a, intimate
a partir de, from
posterior, back
superior, upper
únicamente, simply, only

En el maizal Photo M. C. M. Roberts

El carro de bueyes Photo M. C. M. Roberts

El pastor

Photo L. C. Staples

El buzón

Photo M. C. M. Roberts

LECCIÓN DIECISIETE

LA CARTA DE CARMEN

A fines de julio, Teresa recibió la siguiente carta de Carmen Sigüenza:

——, (Navarra), 25 *de julio de* 1957

Querida Teresa:

¿Qué tal estás pasando este verano?

Como papá ha tomado sus vacaciones en julio este año, estamos todos en Navarra en el pueblo de mis tíos, es decir, todos menos Rafael, que está divirtiéndose a su manera. ¡Fíjate! Ese muchacho está ahora trabajando de «extra» en una película que se está rodando en varias partes del centro y norte de España. Consiguió el puesto por un estudiante argentino a quien conoció en Madrid, y que ha trabajado para el Director de una compañía cinematográfica norteamericana. Este señor ha venido aquí a hacer una película con una compañía española, y como le hacían falta chicos que hicieran el papel de campesinos y labradores, ha contratado a Rafael y a varios compañeros suyos y están ahora trabajando mucho, pero a la vez lo pasan muy bien.

El héroe de la película es un chico madrileño, hijo de padre español y madre norteamericana, que quiere compartir la vida de los campesinos, aunque sus padres son ricos, de modo que las primeras escenas tienen lugar en Madrid y Rafael tuvo que hacer el papel de jardinero, cuidando los macizos del Retiro y cultivando geranios y rosas. Después, fueron todos al norte (los llevaron en coche) y Rafael estuvo unos días con las ovejas en la meseta castellana. ¡Nos dijo que le gustaba mucho andar por el campo de noche envuelto en su manta como un verdadero pastor!

De allí se trasladaron al país vasco. Nosotros salimos para Navarra en coche por la misma fecha y fuimos primero a San Sebastián porque nos interesaba ver a Rafael allí, aunque el viaje resultara incómodo. Así es que pasamos un día entre las preciosas montañas verdes de aquella tierra, donde estaban rodando unas escenas. ¡Rafael tuvo que conducir un carro de bueyes! A los extras no les dejan hacer estas cosas a menos que los animales sean mansos, y éstos lo eran de verdad—¡incluso había entre ellos una vaca!

Creo que ese hermano mío ha aprendido por fin a ser obediente. Con sus profesores no lo era a menudo, pero ahora en su trabajo de extra, no tiene más remedio que ir donde le envíen y hacer lo que le manden los jefes de producción, aunque a veces se aburra y se canse bastante.

Ahora vemos que no hacía falta que fuéramos al país vasco a verle pues toda la compañía ha venido a un campamento en el valle cerca de un pueblo a unos quince kilómetros de aquí, y el nuevo trabajo de Rafael consiste en cultivar pimientos y ayudar en la recogida de los melocotones y de los albaricoques.

La vida en este pueblo donde estamos es muy animada y lo pasamos muy bien. Me gusta ver las cabras que salen de sus casas por la mañana y se reúnen debajo de los chopos cerca del río, donde esperan al cabrero que las lleva a un sitio donde haya buena hierba. Cuando es la hora de que regresen, el cabrero las trae al pueblo y es curioso ver cómo cada una va a su propia casa sin que nadie las dirija.

Nos bañamos a menudo en el río o vamos de excursión

con otros chicos del pueblo, entre los cuales hay uno de doce años llamado Joaquín que va siempre con la bota al hombro y bebe en ella como un verdadero Sancho Panza.

Han terminado la cosecha del trigo y más adelante, cuando acaben la trilla, habrá fiestas aquí con procesiones, toros y todo. Si tienen tiempo, es seguro que vendrán Rafael y unos compañeros; cantarán por la calle con los chicos, bailarán con las chicas y les dirán piropos — en fin, ¡te puedes imaginar el jaleo que se armará! No se aburrirá nadie.

Te he contado tantas cosas en esta carta que te habrás cansado de leer; ahora tienes que contarme tú lo que hacéis por Levante.

Si mi padre va a Alicante de negocios a principios de septiembre, es posible que yo le acompañe y entonces tendré ocasión de verte, lo que me alegraría mucho.

Recuerdos a José y cariñosos saludos de toda esta familia, sin olvidar al «nuevo astro de la pantalla», Rafael.

Un abrazo de tu amiga

CARMEN

NOTES

la bota: a wineskin sometimes carried by country people which is used like the **botijo** and **porrón.** (*See photograph facing p.* 224, *and sketch below.*)

Sancho Panza: Don Quixote's squire, who liked carrying a **bota.**

los toros: often used for **la corrida de toros,** 'bullfight.'

VOCABULARY

el albaricoque, apricot
el buey, ox
la cabra, goat
el cabrero, goatherd
el campamento, camp
el carro, cart
la cosecha, harvest
el chopo, black poplar
el extra, film extra
el geranio, geranium
el héroe, hero
la hierba, grass
el jardinero, gardener
el jefe de producción, producer
el macizo, flower-bed
la manta, blanket, rug
el melocotón, peach
la meseta, plateau
el pimiento, red or green pepper
la ocasión, opportunity
la recogida, picking, gathering
la rosa, rose
la tierra, land, district
la trilla, threshing
el valle, valley

armar un jaleo, to cause excitement; **se armará un jaleo,** there will be a lot of excitement
bañarse, to bathe; to have a bath
cansarse, to grow tired
compartir, to share
conducir, to drive (a car, horse, etc.)
consistir en, to consist of, to take the form of
contratar, to engage (for a job)
imaginarse, to imagine
resultar, to prove to be
rodar (ue), to make (a film), to film
tener lugar, to take place
trasladarse, to move

cinematográfico, -a, film (*adj.*)
curioso, -a, interesting
envuelto, -a, wrapped
incómodo, -a, uncomfortable
precioso, -a, beautiful, lovely
propio, -a, own
seguro, -a, sure
vasco, -a, basque
de verdad, really
a la vez, at the same time

USEFUL EXPRESSIONS

en fin, in short
es decir, that is to say
es la hora de que (+*subjunctive*), it is time to
a *unos* 15 kilómetros de aquí, *about* 15 kilometres from here

QUESTIONS

1. ¿Quiénes están en Navarra?
2. ¿Qué hace Rafael?
3. ¿Qué papel hacen los chicos?
4. ¿Quién es el héroe de la película?
5. ¿Dónde hizo Rafael su primer papel?
6. ¿Por qué le gustó mucho su segundo papel?
7. ¿A qué ciudad fue su familia? ¿Dónde está?
8. ¿Cómo es el país vasco?
9. ¿Por qué pudo conducir un carro Rafael?
10. ¿Cómo ha aprendido a ser obediente?
11. ¿Dónde se ha podido ver otra vez a la compañía?
12. ¿Qué cultivan cerca del campamento?
13. ¿Adónde van las cabras por la mañana?
14. ¿Cómo regresan a casa?
15. ¿Qué hacen los chicos para divertirse?
16. ¿Cuándo habrá fiestas en el pueblo?
17. ¿Qué harán los chicos durante las fiestas?
18. ¿Cuándo es posible que se vuelvan a ver Teresa y Carmen?
19. ¿Cómo le llama Carmen a Rafael?
20. ¿De cuántas regiones de España ha hablado Carmen?

GRAMMAR

A. *Subjunctive after certain Conjunctions*

We have already seen in Lesson XIV that some conjunctions are followed by the indicative when the action of the verb is a fact, and the subjunctive when it is future or uncertain or a supposition. **Aunque** is another of these conjunctions. Usually it means 'although,' but when followed by the subjunctive, it can often be better translated as 'even if,' 'even though.'

Tendrá que ir aunque se aburra y se canse mucho.
He will have to go even if he gets tired and bored.

Quiere compartir la vida de los campesinos, aunque sus padres son ricos.

He wishes to share the lives of the peasants, although his parents are rich. (Statement of fact.)

A menos que, 'unless,' is always followed by the subjunctive.

No les dejan hacer estas cosas a menos que los animales sean mansos.

They don't let them do these things unless the animals are tame.

B. *Subjunctive after Impersonal Verbs*

Impersonal verbs expressing futurity, uncertainty or supposition are followed by the subjunctive. Those which express fact take the indicative.

Examples of the former in this lesson are: **es la hora de que,** 'it is time that,' **es posible que,** 'it is possible that,' **hace falta que,** 'it is necessary that.' An example of the latter is **es seguro que,** 'it is certain that.'

Es la hora de que regresen.

It is time for them to return.

Es posible que yo le acompañe.

It is possible that I may accompany him.

Hacía falta que fuéramos al país vasco.

It was necessary that we should go (=we had to go) to the Basque country.

But:

Es seguro que Rafael y unos compañeros cantarán por la calle.

It is certain that Rafael and some companions will sing in the street.

Similarly: **Es probable que llegue mañana.**

It is probable that he will arrive tomorrow.

But: **Es cierto que está aquí.**

It is certain that he is here.

Note: When impersonal verbs expressing certainty are negative, they obviously express *un*certainty, and therefore take the subjunctive.

No es seguro que venga.
It is not certain that he will come.

C. *Subjunctive after Indefinite Antecedent*

This is one of the most characteristic uses of the subjunctive. If we say, **Conozco a un hombre que habla francés, un hombre** refers to one definite person and no other. But if we say, **¿Conoce usted un hombre que hable francés? un hombre** is no longer a definite person, but anyone who fulfils the requirements of the rest of the sentence. In clauses of this kind, the verb is always subjunctive. Here are further examples:

Tiene que ir donde le envíen y hacer lo que le manden.

Donde does not refer to a definite place, nor does **lo que** refer to a definite command; he must go where they send him, wherever it may be, and do what they say, whatever it may be.

Le hacían falta chicos que hicieran el papel de campesinos.
He needed boys to play the part of peasants (any boys, not definite individuals).

D. *Distance*

Vive *a* 15 kilómetros de aquí. He lives 15 km. away from here.

Su casa está *a* 50 metros de la nuestra. His house is 50 metres away from ours.

***A* 3 kilómetros hay un pueblo.** 3 km. away there is a village.

This **a** must not be omitted.

EJERCICIOS

A

I. Pongan ustedes el verbo en el tiempo correcto:

1. Conseguirán hacerlo, aunque (ser) difícil.
2. Cabían todos, aunque la habitación (ser) pequeña.
3. Le dije que le vería en Navidad, a menos que él (venir) a verme antes.
4. No toméis el coche sin que yo (darles) permiso.
5. Mientras la puerta (estar) cerrada con llave, no podríamos salir.
6. Le rogué (traer) su guitarra cuando (ir) a mi casa.
7. En cuanto yo (acabar) mis deberes, te llamaré por teléfono.
8. He terminado de leer ese libro, aunque (ser) muy pesado.
9. No queremos ir al teatro a menos que (dar) una obra buena.
10. Tendrá que salir mañana, aunque (hacer) mal tiempo.

II. Pongan ustedes el verbo en el tiempo correcto:

1. Ya era la hora de que los niños (marcharse), así es que nos despedimos.
2. Es posible que ustedes (tener) ocasión de visitar el país vasco.
3. Es seguro que mañana (llegar) mi padre.
4. Hace falta que (nosotros, conseguir) reservas en el TAF.
5. Era probable que la cosecha (resultar) buena.
6. No es cierto que (hay) toros para la fiesta.
7. Aquel día hacía falta que Rafael (hacer) el papel de jardinero.
8. Es la hora de que (darse) las noticias [*news*] por la radio.
9. ¡No es posible que las chicas (bañarse) bajo la lluvia!
10. Es seguro que estos animales (ser) mansos.

III. Pongan ustedes el verbo en el tiempo correcto:

1. Busco un hombre que (saber) arreglar mi coche.
2. Conozco a un hombre que (saber) arreglar coches.
3. Tendrás que comer todo lo que ellos te (poner) delante.
4. Todo lo que (él, decir) ayer es verdad.
5. ¿Hay por aquí algún campesino que (vender) leche?
6. Ayer vi a aquel campesino que (vender) frutas y huevos.
7. La casa donde (nosotros, vivir) era bonita.
8. Estoy buscando una tienda donde (poder) comprar papel.
9. Voy a presentarle a alguna chica con quien (poder) bailar.
10. Conoció a una chica con quien (bailar) tres veces.

IV. Pongan ustedes una preposición si hace falta:

1. Pronto se ha cansado — cultivar pimientos.
2. Todo mi trabajo consistía — cuidar el jardín.
3. Tenía ganas — montar — caballo.
4. Han tardado mucho — terminar — comer.
5. Insistió — acompañarme a mi casa.
6. No quise separarme — mis amigos.
7. El niño empezó — llorar.
8. Vamos a despedirnos — la abuela.
9. No les gustaba — marcharse tan pronto.
10. ¿Has pensado — preguntárselo a tu sobrino?

B

V. Contesten ustedes:

¿En qué mes tomará usted sus vacaciones este año? ¿Adónde irá? ¿Le gustan los países de montaña, o prefiere el mar? ¿Dónde está Navarra? ¿Qué separa la Navarra española de la francesa? ¿Cómo se llama la provincia que está al oeste de Navarra? ¿Qué frutas se cultivan en aquella provincia? ¿Qué árboles se encuentran cerca de los ríos en España? ¿Qué se cultiva más en Castilla? ¿Cuándo se hace la cosecha? ¿Qué hace un pastor? ¿Quién cuida las cabras? ¿Cómo lo hace? ¿Qué frutas importamos los ingleses de España? ¿Qué cosas exportamos a España?

VI. *Redacción*

(*a*) Escriba usted una carta a un amigo o una amiga, describiéndole una región de Gran Bretaña que usted ha visitado durante unas vacaciones suyas.

(*b*) Conteste usted a una carta de su tía que le invita a pasar unos días en su casa en el campo.

(*c*) Escriba una carta a su abuelo para darle las gracias por el regalo que él le ha enviado por su cumpleaños de usted.

C

VII. Traduzcan ustedes:

The Castilian plateau is a very strange place. To begin (with), it is very high, between 2,000 and 4,000 feet, and higher mountain-ranges, such as the Sierra de Guadarrama, cross it from east to west. In winter it is very cold. In spring it is green with the wheat with which the best Spanish bread is made. During the summer, there is usually no rain at all,[1] and in August, after the harvest, you would think[2] you were on the moon! There is no grass, there are no trees, there is nothing but the bare earth, which in many places is bright[3] red. You can see the rivers from very far away because of[4] the poplar-trees, but they are very few, and often there is little water in them. The shepherds and the goat-herds are usually found in the dry river-beds; the sheep and goats have to eat the leaves of the trees which grow on the banks of the river. Although

[1] *alguna*

[2] *se creyera que* + subj. (Use impersonal reflexive for 'you' throughout.)

[3] *vivo*

[4] *a causa de*

it is so hot in the sun, in the shade it is cool, because, although you are on a plain, and even though you may be able to see high mountains in the distance, you are already so high that in England you would be on the top of a mountain!

VIII. *Repaso*

Traduzcan ustedes:

I prefer it; he returns home; in order that they may sit down; they enjoyed themselves; unless they ask for it; even if they wore black; he asks me to shut the door; he went on telling lies; sleeping; before you repeated it.

EN LO ALTO DE AQUELLA MONTAÑA

En lo alto de aquella montaña
yo corté una caña, yo corté una flor,
para el labrador, labrador ha de ser;
que quiero a un labradorcillo
que coja las mulas y se vaya a arar
y a la media noche me venga a rondar
con las castañuelas, con el almirez
y la pandereta que retumbe bien.

Si en lo alto de aquella montaña
te ofrezco una caña, te ofrezco una flor
también, labrador, yo te quiero ofrecer
mi amor que es humilde y sencillo
y que con paciencia le gusta esperar
que a la media noche vengas a rondar
con las castañuelas, con el almirez
y la pandereta que retumbe bien.

lo alto (*adjective used as noun*), top
la caña, reed
ha de ser, it is to be
el labradorcillo, *dim. of* **labrador** *with affectionate sense*
la mula, mule
arar, to plough
rondar, to serenade
las castañuelas, castanets
el almirez, mortar (used with pestle)
retumbar, to jingle
el amor, love
humilde, humble
sencillo, -a, simple
la paciencia, patience

LECCIÓN DIECIOCHO

EN LA PLAYA

— ¡Hombre! ¡Qué madrugadores sois! ¡Y pensar que en casa nunca queréis levantaros temprano!

— Si estuviéramos en casa, mamá, tendríamos que levantarnos para ir al Instituto; aquí nos levantamos para salir a la playa. Es muy distinto — dijo José.

Eran las nueve de la mañana y hacía un día espléndido. Doña María estaba preparando el desayuno, pero no en el piso de Castillohermoso, sino en la cocina, que era también cuarto de estar, de una casa de campo en San

Juan cerca de Alicante, que la familia de Jiménez había alquilado para el mes de agosto. Hacía sólo tres días que estaban allí veraneando y esta mañana del día 5 de agosto, los niños habían salido a dar una vuelta antes de desayunar. Al entrar por la puerta de la casa, que daba directamente a un huerto de olivos, los niños se sentaron a la mesa con mucha hambre. En ese momento, don Pedro salió de su habitación frotándose los ojos.

— ¡Qué sueño tienes, papá! — dijo Teresa, riéndose.

— Si hubiese empezado mis vacaciones en junio como vosotros, yo también habría tenido tiempo de descansar y no se me pegarían tanto las sábanas — dijo don Pedro.

— El café es bueno para los soñolientos — dijo doña María, poniendo una taza grande de café con leche delante de su marido.

— Es verdad — contestó éste —, pero ¿os habéis olvidado de que estamos de veraneo? Los veraneantes no suelen madrugar tanto, ¿sabéis?

— Pues, nosotros, sí, madrugamos, porque queremos ir a la playa antes de que llegue la gente — dijo Teresa —. A ti tampoco te gustan las playas concurridas ¿verdad, papá?

— Bueno, bueno, los pobres padres siempre tenemos que sacrificarnos por los hijos — dijo don Pedro, resignado.

A eso de las diez, toda la familia salió para la playa, llevando los trajes y gorros de baño y también el almuerzo, pues ese día no querían regresar a casa a comer.

Al llegar a la playa de San Juan, que es larga y hermosa, se dirigieron a uno de los merenderos donde los padres se sentaron debajo del toldo. Isabel jugó en la arena con su cubo y pala y Antonio la ayudó a hacer castillos de arena, canales y pozos. Teresa y José fueron a charlar con otros chicos a quienes habían conocido en la playa el día anterior. Luego, a las once y media, cuando hacía mucho calor, alquilaron una caseta y se bañaron. (En el mar Mediterráneo no hay marea alta y baja como en la costa norte de España, lo que es muy cómodo para los bañistas.) Los tres niños mayores nadaban bien y a Antonio le gustaba mucho hacer la plancha, pero Isabel todavía no hacía más que jugar en el agua con un pato de goma. Si hubiese habido una balsa o rocas en esa playa, José se habría tirado desde allí, como solía hacer en la piscina de Castillohermoso.

Después de bañarse, Teresa se tendió en la arena para tomar el sol.

— Las chicas siempre quieren tostarse como si fueran castañas — dijo José —. No importa que se quemen con tal que regresen a casa morenas!

Claro que su hermana no le hizo caso y siguió tostándose.

A la hora de comer, doña María sacó jamón, pan, tomates, aceitunas y un melón de las bolsas, don Pedro compró cerveza y gaseosas en el bar del merendero y toda la familia se puso a almorzar en una de las mesas debajo del toldo.

— Ahora que hay mucha gente aquí, querrás regresar a casa a echarte la siesta ¿no? — preguntó doña María a su marido cuando terminaron de almorzar. Después de pensar un momento, don Pedro dijo:

— ¿Y si fuésemos a Alicante?

— Yo, encantada, desde luego, pero tú, ¿puedes pasarte sin siesta? — preguntó doña María, muy sorprendida.

— Me parece que sí — contestó don Pedro —. ¡Vámonos, niños!

— Si nosotros hubiésemos querido ir a Alicante, habrías dicho que tenías sueño, papá — dijo José.

— Puede ser, no sé — contestó su padre.

— De todas maneras, tendrás que permitir que vayamos primero a casa a arreglarnos — dijo doña María —. Tenemos los pies llenos de arena. Si fuésemos a Alicante así, nos tomarían por gitanos.

— Las señoras no piensan más que en arreglarse — respondió don Pedro —. Bueno, haced como queráis y a las tres y cuarto, cogeremos el autobús para Alicante.

(*Continuará*)

NOTES

San Juan: a village near Alicante after which a sandy beach a few miles north of the town has been named.

el merendero: café with tables and chairs under an awning which provides the shade essential in southern Spain in summer. **Merenderos** are also found in the country all over Spain.

hacer la plancha: 'to float,' an expression which is derived from the French *faire la planche*, as in Spanish **la plancha** is a sheet of metal or domestic iron, not a board. Be careful! **Hacer *una* plancha** means 'to drop a brick!'

VOCABULARY

la balsa, raft
el (la) bañista, bather
el bar, bar (where drinks are sold)
el canal, canal
la caseta, bathing-hut
la castaña, chestnut
la costa, coast
el cuarto de estar, sitting-room
el cubo, pail
el gitano, la gitana, gypsy
el gorro, (bathing-) cap
la marea, tide
la pala, spade
el pato, duck
la piscina, swimming-pool
la playa, beach
el pozo, well
la sábana, sheet
el toldo, awning
el traje de baño, swim-suit
el veraneante, holiday-maker
el veraneo, summer holiday
la vuelta, stroll

alquilar, to rent, to hire
arreglarse, to tidy oneself up
frotar, to rub
importar, to matter
pasar(se) sin, to go without
pegar(se), to stick; **pegarse a uno las sábanas,** to rise late
permitir, to allow

sacrificarse, to sacrifice oneself
tirarse (al agua), to dive
tomar el sol, to sunbathe
tostarse (ue), to toast oneself
veranear, to go on a summer holiday

con tal que, provided that
directamente, straight
espléndido, -a, superb, splendid
largo, -a, long (N.B.)
madrugador, -ora, fond of early rising
mediterráneo, -a, Mediterranean
resignado, -a, resigned
soñoliento, -a, sleepy

USEFUL EXPRESSIONS

dar a, to look out on, to open on to (of windows and doors)
dar un paseo, to go for a walk
dar una vuelta, to go for a stroll
no importa, it does not matter
me parece que sí, I think so
puede ser, possibly, perhaps

QUESTIONS

1. ¿Por qué no tenían los chicos que ir al Instituto?
2. ¿Qué hacía doña María?
3. ¿Cuánto tiempo hacía que estaban veraneando?
4. ¿Por qué tenían hambre los niños?
5. ¿Cómo se sabe que don Pedro tenía sueño todavía?
6. ¿Por qué no había empezado éste sus vacaciones en julio?
7. ¿Qué remedio tenía doña María para los soñolientos?
8. ¿Para qué habían querido madrugar los chicos?
9. ¿Cómo consiguieron estar a la sombra don Pedro y doña María?
10. ¿Adónde fueron Teresa y José?
11. ¿Cuándo se fueron a bañar?
12. ¿Por qué es más cómodo el Mediterráneo que el Atlántico para los bañistas?
13. ¿Quién nadaba mejor?
14. ¿Cuál de los niños no sabía nadar? ¿Qué hizo?

15. ¿Dónde almorzaron? ¿Qué comieron y bebieron
16. ¿Por qué dejaron la playa?
17. ¿Adónde decidieron ir en vez de echar la siesta?
18. ¿Qué quiso hacer antes doña María?
19. ¿Por qué se les tomaría por gitanos?
20. ¿A qué hora sale el autobús?

GRAMMAR

A. *The Conditional Perfect*

Formation: Conditional of **haber** + past participle.

salir

habría salido	I should have gone out
habrías salido	you would have gone out
habría salido	he, she would have gone out
habríamos salido	we should have gone out
habríais salido	you would have gone out
habrían salido	they would have gone out

bañarse

me habría bañado	I should have bathed
te habrías bañado	you would have bathed
se habría bañado	he, she would have bathed
nos habríamos bañado	we should have bathed
os habríais bañado	you would have bathed
se habrían bañado	they would have bathed

B. *Subjunctive in Conditional Sentences*

Conditional sentences usually consist of two clauses, one o them being introduced by **si.** If the **si** clause is contrary to fact, the verb in that clause should be subjunctive.

Tendríamos que madrugar si estuviéramos en casa.
We should have to get up early if we were at home (but in fact we are not at home).

General guide to sequence of tenses: if the verb in the main clause is in the conditional, the verb in the **si** clause will usually be imperfect subjunctive; if the verb in the main clause is in the conditional perfect, the verb in the **si** clause will usually be in the pluperfect subjunctive. When the verb in the **si** clause is in the present tense, however, the verb in the main clause will be future (sometimes present), and the subjunctive is never used.

Si fuésemos a Alicante así, nos tomarían por gitanos.
If we went to Alicante like this, they would take us for gypsies.

Si hubiera empezado mis vacaciones en junio, habría tenido tiempo de descansar.
If I had begun my holidays in June, I should have had time to rest.

Si sales mañana, yo te acompañaré.
If you go out tomorrow, I shall go with you.

Note that the conditional indicative is very frequently replaced by the conditional subjunctive. Some verbs, for instance **querer, deber, poder,** are specially prone to this substitution, but it is not subject to any rule, and is purely a matter of taste.

Yo quisiera saber (for **querría**); **debieran terminar** (for **deberían**); **¿Pudiera usted decirme . . . ?** (for **podría**); **hubiera tenido tiempo** (for **habría**).

Si meaning 'supposing' always takes an imperfect subjunctive.

¿Si fuésemos a Alicante? Supposing we went to Alicante?

Como si, 'as if,' is always followed by the subjunctive, imperfect or pluperfect but never present.

Quieren tostarse como si fueran castañas.
They want to toast themselves as if they were chestnuts.

C. Other expressions followed by the subjunctive in this lesson are: **no importa que, con tal que, permitir que, hacer como.**

No importa que se quemen . . . It doesn't matter if they are burnt . . .

. . . con tal que regresen a casa morenas. . . . provided that they return home brown.

Tendrás que permitir que vayamos. You will have to allow us to go.

(This comes under 'commanding and requesting.')

Haced como queráis. Do as you wish.

(This comes under the heading of futurity and uncertainty: 'Do what you like, whatever it may be.')

D. Nouns used in a general sense, *i.e.*, referring to a whole class of people or things, not to any particular ones, are preceded by the definite article.

El café es bueno para los soñolientos.

Coffee is good for sleepy people. (*All* coffee is good for *all* sleepy people.)

Los padres siempre tienen que sacrificarse por los hijos.

Fathers (*i.e.*, all fathers) always have to sacrifice themselves for their children.

Note that English, on the contrary, usually omits the article in this case.

Sleep is necessary to man. **El sueño es necesario al hombre.**

EJERCICIOS

A

I. Conjuguen ustedes:

1. Yo habría querido levantarme.
2. Me habría tendido en la arena.

II. Pongan ustedes el verbo en el tiempo correcto:

1. Si (hacer) sol, habríamos ido a la playa.
2. Si (tener) mi traje de baño, me iría a bañar.

3. Si no (estar) bajo este toldo, os quemaríais.
4. Si (haber) mareas en el Mediterráneo, resultaría menos cómodo para los bañistas.
5. No importa que (ser) morenas, con tal que (ser) guapas.
6. Si mi padre (permitirlo) yo habría ido al cine.
7. Están jugando los padres como si (ser) niños.
8. No hubiéramos salido si (saber) que vosotros vendríais.
9. No volviéramos a casa si la playa no (estar) tan concurrida.
10. Si (ir) a la ciudad así, nos tomarán por gitanos.

III. Muchos verbos en este trozo han perdido su terminación. ¿Pueden ustedes completarlos?

— ¡Qué pena! — dij Pedro —. Si hub sol, pudiér tú y yo ir a jug en la playa. — Sí — contest Pablo —, tien mucha razón. Pero est llov y de todas maneras la marea no est alta. Si sólo estuv en Málaga, no hab marea; tampoco llov porque en aquella parte ca muy poca lluvia en el verano. ¿Si jug con tu tren eléctrico, puesto que no pod salir? — Yo pref mirar tu colección de sellos — respond su amigo —. Mirando todos esos pequeños cuadros es como si hic un viaje en países extranjeros. — Pues, a mí me gustar más que escuchár algunos discos de gramófono. — ¡Hombre! ¡Ya no llue! Ahora podr ir a la playa a bañ. Ve a busc tu traje en seguida. ¡No perd más tiempo!

(Hay veinticinco terminaciones que poner.)

IV. Traduzcan ustedes:

1. Holiday-makers don't usually get up early. 2. We don't like crowded beaches. 3. Oxen are very obedient animals. 4. Country-people work very hard. 5. Peaches cost a lot of money in England. 6. I am afraid of storms. 7. Farmers live in villages, not in

towns. 8. Drivers are asked to go slowly. 9. Stools are not so comfortable as chairs. 10. Elephants never forget.

B

V. Contesten ustedes:

(*a*) ¿Qué quiere decir: veranear? madrugar? merendar? se le pegan las sábanas? una playa concurrida? una caseta? hacer la plancha? una piscina? echar la siesta?

(*b*) ¿Cómo juegan los niños en la playa? ¿Por qué es bueno dar un paseo antes de desayunar? ¿Suele usted madrugar? ¿Qué desayuna usted, generalmente? ¿Para qué se ponen gorros de baño? ¿Por qué no es cómoda la marea para los bañistas? ¿Para qué sirven las balsas? ¿Cómo son los gitanos?

VI. *Redacción*

(*a*) Imagínese que está en un merendero en la playa. Describa la gente que llega, sus trajes, lo que toma, lo que hace, su conversación.

(*b*) Una niña está jugando en las rocas, y se cae al agua. Todo el mundo tiene miedo. Un chico (una chica) se tira al mar y saca a la niña del agua. ¿Qué le dicen los padres? ¿Cómo se termina la historia? (**Ahogarse,** to drown; **salvarle la vida a alguien,** to rescue, to save someone's life.)

C

VII. Traduzcan ustedes:

That year we spent our summer holidays in a house by the sea. My parents had rented it for a fortnight; if they had known that the house was so comfortable, they would have rented it for a month. We used to spend the day lying[1] on the sand, toasting ourselves in the sun. From time to time, someone would[2] say, "Supposing we had a bathe?" Then we would[2] all go into the house to fetch our bathing-costumes, go down to the rocks and dive into the sea. The place was very quiet, and the beach was never crowded. Of course, if the weather had been bad, we should have had nothing to[3] do, and we should have been bored; instead of which we were very happy. We often used to go for a walk in the afternoons, too. A mile away, there was a refreshment-stall where we could buy lemonade, or sometimes we took peaches or apricots in a bag and ate them as we walked along.[4] What a marvellous holiday!

[1] *tendido* [2] =used to [3] *que* [4] *andando*

VIII. *Repaso*

Sustituyan ustedes los nombres por pronombres:

1. La señora va a buscar a su hijo.
2. Teresa está dando melocotones a José.
3. Los veraneantes nos envían tarjetas postales.
4. Si hay árboles, echamos la siesta.
5. Teníamos los zapatos mojados.
6. Deme usted los albaricoques.
7. Al ver a los niños, salió corriendo.
8. ¿Quieres pasar el melón a tu tío?
9. No lo digas a tu abuelo.
10. Dadme vuestros trajes en seguida.

¡Cuidado con los acentos!

LECCIÓN DIECINUEVE

PESCADORES Y CICLISTAS

Aunque don Pedro y su familia habían estado varias veces en Alicante (capital de la provincia donde estaba Castillohermoso), siempre volvían con gusto a aquella ciudad. Isabel y Antonio solían hacer muchas preguntas respecto al castillo de Santa Bárbara, que fue construido en tiempos muy antiguos sobre el monte Benacantil, que está cerca del puerto y cuya parte superior se llama «la cabeza del moro», por tener la forma de una cabeza envuelta en un turbante. A Teresa y José les interesaba ver el puerto con los barcos y los marineros y las barcas de pesca que estaban amarradas a lo largo del muelle.

Aquella tarde del 5 de agosto, había mucha gente por la calle porque era fiesta en Alicante, pero en vez de pasear con los demás debajo de las palmeras de la Explanada de España, don Pedro y su familia se acercaron a la orilla del mar. En algunos de los barcos, los pescadores estaban tendidos en la cubierta durmiendo, y otros estaban arreglando las redes que se habían roto durante la pesca de la noche anterior.

— ¡Mirad! — dijo don Pedro a sus dos niños menores —. ¿Veis aquellos tres faroles grandes en la popa de la barca? Esta noche serán encendidos por los pescadores cuando lleguen al sitio donde van a pescar, y al ver la luz, los peces se acercarán y se cogerán en la red.

Todos estaban mirando las barcas con interés cuando Teresa se acordó de algo.

— ¡Ay, mi carta para tío Adolfo! — exclamó de repente.

— ¡Vaya distraída! — dijo José —. Estamos hablando de barcos y tú te acuerdas de tu famosa carta. ¿No está escrita aún?

— Está escrita, sí, pero no echada — contestó su hermana.

— Dámela a mí — dijo Isabel —. Allí en la acera hay un buzón y te la echaré.

— ¡Mucho cuidado! — dijo su madre — o serás atropellada por un coche.

Isabel corrió a echar la carta y mientras el resto de la familia se alejaba del mar, Teresa dijo:

— ¡Cuánto me gustaría saber pintar! Los colores del mar son preciosos.

— Por lo menos puedes describir lo que ves en tu próxima carta a tu amiga inglesa para que se anime a venir aquí — dijo don Pedro —, pero deberías leer primero las magníficas descripciones de esta región que se encuentran en *El Libro de Sigüenza*, que fue escrito por Gabriel Miró, el gran novelista alicantino.

— Me pregunto por qué la gente arma tanto jaleo — observó José.

— Debe de ser porque es fiesta en Alicante — dijo doña María.

Pero un chico que pasaba y que les había oído hablar, dijo:

— Es la vuelta a la región de Levante; los ciclistas van a pasar por la carretera de Jijona.

— Gracias, muchacho — le dijo don Pedro y ya que en su juventud había sido algo aficionado al ciclismo, añadió:

— Vamos a seguir a la gente a ver si vemos algo.

Después de andar un poco la familia de Jiménez se paró en el Paseo de Gadea, en un sitio donde había menos gente, pero entre los que se encontraban allí, había un grupo de chicos muy alegres que tenían tres cubos de agua. Los Jiménez no pudieron ir más lejos pues en ese momento se oyeron voces y poco después, aparecieron los primeros ciclistas corriendo a toda velocidad. Cuando los espectadores los vieron pasar, empezaron a gritar a más no poder:

— ¡Hale, valiente! ¡Aprieta!

Luego — ¡¡Chaf!! El agua arrojada de un cubo por un chico cayó sobre uno de los ciclistas, mojándole hasta los huesos, pero siguió adelante como si tal cosa.

Pasaban cada vez más ciclistas y de repente, al ver acercarse a uno que montaba una bicicleta verde, José echó a correr detrás de él gritando:

—¡Ahí viene uno de Castillohermoso! ¡Anda, Joaquín! ¡Corre! ¡A ver si llegas primero!

— ¡Cuidado! — gritaron varias voces, pero era ya tarde porque una buena parte del agua que había sido arrojada al ciclista por otro chico cayó sobre José.

— ¡Vaya ducha! — exclamó, riéndose, uno de los chicos de los cubos.

Doña María se enfadó algo al ver a su hijo mojado, pero don Pedro le dijo:

— ¡Bah! ¡No te preocupes! El chico está un poco mojado, pero se secará en seguida al sol. Además, ¿no ves que al participar en la ducha, participa también en el honor debido al ciclista? ¡No todos tenemos esa suerte!

NOTES

Castillo de Santa Barbara: This castle is known to have been in existence during the Roman domination of Spain, 202 B.C. to 409 A.D. Successive conquerors of Spain used it as a fortress and the last of these, the Moors, were finally expelled from the castle by Alfonso X of Castile and León in 1280, on St Barbara's day, December 4th. Hence the name.

Gabriel Miró (1875–1930): a writer who lived in or near Alicante for most of his life and set the scene of his novels in that district.

vuelta a la región de Levante: the Tour of Levante, an annual cycle race in which the competitors cover some difficult country in the region of Alicante. Spectators sometimes throw water over the competitors to cool them down.

Jijona: a town some 26 kilometres from Alicante famous for the manufacture of *turrón.*

VOCABULARY

la barca, small boat
el buzón, letter-box
el ciclismo, cycling
el ciclista, cyclist
la cubierta, deck
la descripción, description
la ducha, shower
el farol, lamp
el honor, honour
la juventud, youth
la luz, light
el marinero, sailor
el monte, hill
el moro, Moor
el muelle, quay, mole
el novelista, novelist
la orilla del mar, sea-shore, edge of the sea
la pesca, fishing
el pescador, fisherman
el pez, fish
la popa, poop, stern
la provincia, province
el puerto, port
la red, fishing-net
el resto, rest, remainder
el turbante, turban
la velocidad, speed
la voz, shout, voice

animarse a (+*inf.*), to make up one's mind to
amarrar, to moor
arrojar, to fling
atropellar, to run over
construir, to build (like **concluir.** *See Appendix III,* p. 252.)
deber (**de**)+*inf.*, *see Grammar section C.*
describir, to describe
echar una carta, to post a letter
observar, to remark
participar en, to take part in, to share in
pintar, to paint, to draw
seguir adelante, to go on

aficionado, -a, a, interested in,
alicantino, -a, of Alicante
¡Chaf! Splash!
debido, -a, a, due to
distraído, -a, forgetful
¡Hale! ¡Aprieta! Come on! Step on it!
a lo largo de, along
respecto a, about, concerning
ya que, since, as

USEFUL EXPRESSIONS

como si tal cosa, as if nothing had happened
gritar a más no poder, to shout at the top of one's voice
mojado hasta los huesos, wet to the skin

QUESTIONS

1. ¿Qué interesaba más a Isabel y Antonio?
2. ¿Cómo es el puerto de Alicante?
3. ¿Por qué había mucha gente por la calle?
4. ¿Qué hacían los pescadores?
5. ¿Por qué necesitaban arreglar las redes?
6. ¿Para qué sirven los faroles?
7. ¿Qué hizo Teresa para que su hermano la llamase «distraída»?
8. ¿Quién echó la carta, y dónde?
9. ¿Por qué le hacía falta tener cuidado al cruzar la calle?
10. ¿Cuándo podría describir el puerto Teresa?
11. ¿Dónde se pueden leer descripciones de aquella región?
12. ¿Por qué había mucho jaleo?
13. ¿Cuándo se pusieron los Jiménez a seguir a la gente?
14. ¿Dónde estaban los chicos con los cubos?
15. ¿Qué hicieron con los ciclistas?
16. ¿Para qué lo hicieron?
17. ¿Quién montaba la bicicleta verde?
18. ¿Qué le pasó a José?
19. ¿Por qué no debía preocuparse doña María?
20. ¿De veras, tenía suerte José?

GRAMMAR

A. *The Passive Voice*

We have already seen that the passive in Spanish is very often rendered by a reflexive construction, personal or impersonal (see Lesson VI). But Spanish does possess a true passive, equivalent to the passive in English, though it is less frequently used.

To turn any given tense of an active verb into a passive, use the same tense of **ser** + the past participle of the verb, *which must agree with its subject.*

Teresa escribirá la carta.
Teresa will write the letter.

La carta será escrita por Teresa.
The letter will be written by Teresa.

Los pescadores encendieron los faroles.
The fishermen lit the lanterns.

Los faroles fueron encendidos por los pescadores.
The lanterns were lit by the fishermen.

Los niños han cogido las flores.
The children have picked the flowers.

Las flores han sido cogidas por los niños.
The flowers have been picked by the children.

You would be well advised, until you have more experience of Spanish, to restrict your use of the passive to cases where the agent is expressed, *i.e.*, to sentences which state that an action was performed *by* someone or something, and to use the reflexive construction in other cases. This is not by any means a rule, but it will help you to avoid faults of style.

N.B. Beware of verbs like **decir, dar, mandar, permitir,** which can only have a person as *indirect* object in Spanish; only the *direct* object of an active verb can become the subject of a passive verb, therefore these verbs can form no passive if the subject would be a person. The impersonal reflexive is used instead.

I was told = it was told to me = **se me dijo.**

He was given a book = one gave him a book = **se le dio un libro.**

He was permitted to go = it was permitted to him to go = **se le permitió ir.**

B. *The 'False' Passive with* estar

Besides the true passive with **ser** there is in Spanish a similar construction with **estar,** which we may call a false passive, since it frequently misleads the unwary. Its function is quite different from that of the true passive. Consider these two sentences:

La puerta fue abierta por una mujer vestida de negro. The door was opened by a woman dressed in black.

La puerta estaba abierta. The door was open.

In the first case, the verb represents an *action* performed by the woman. The door moved. In the second case, the verb represents a *state*. The door did not move—it had already been opened.

Similarly:

La barca fue amarrada al muelle por el pescador. The boat was moored to the quay by the fisherman.

La barca estaba amarrada al muelle. The boat was moored to the quay.

The first sentence represents an action performed by the fisherman, the second shows a state, resulting from a previous action.

Note that with this construction also, the past participle always agrees with the subject. In fact, we can now formulate a general rule that with any auxiliary verb *except* **haber** the past participle agrees with the subject of the verb. (This is important, because **tener** and **quedar** are sometimes used as auxiliaries for special purposes.)

C. **Deber** *and* **deber de**

Deber usually implies obligation or duty:

Debes ir en seguida. You must go at once.
Deberías decirle la verdad. You ought to tell him the truth.
Deberías haberle acompañado. You ought to have gone with him.
El coche debía llevarle a la estación. The car was to take him to the station.
Debo ir mañana. I am to go tomorrow.

Deber de shows probability or supposition:

Debe de ser porque es fiesta. It must be because there is a festival (*i.e.*, there is probably a festival.)

Debo de haberlo dejado en casa. I must have left it at home.

D. **Oír** *and* **ver** *with Dependent Infinitive*

Note these constructions:

Los espectadores los vieron pasar. The spectators saw them passing.
Oyeron gritar a los chicos. They heard the boys shouting.

'To hear of' is **oír hablar de.**
'To hear that' is **oír decir que.**

He oído hablar de él. I have heard of him.
He oído decir que está enfermo. I have heard that he is ill.

EJERCICIOS

A

I. Cambien ustedes estas frases al pasivo:

Ejemplo: Antonio hizo muchas preguntas.
Muchas preguntas fueron hechas por Antonio.

1. Los moros construyeron el castillo.
2. Los marineros amarraban sus barcos en el puerto.
3. Los pescadores arreglarán las redes.
4. Isabel ha echado la carta al buzón.
5. Un coche había atropellado a un viejo.
6. Un novelista escribió estas descripciones del puerto.
7. Los chicos echarían el agua sobre los ciclistas.
8. Los espectadores habrán visto a Joaquín.
9. Don Pedro sigue al grupo de aficionados.
10. Un guitarrista célebre tocó la música para el baile.

II. Completen ustedes con *ser* o *estar:*

El cielo . . . claro, los pájaros cantaban, el agua brillaba como si . . . un espejo. Un coche . . . conducido

Bebiendo en bota — *Photo M. A. Alvergonzález*

La trilla Photo M. C. M. Roberts

El montón de sal Photo M. C. M. Roberts

hasta el muelle por un chófer vestido de uniforme verde. El coche paró y la portezuela . . . abierta por el camarero, que había . . . sentado en una silla. Bajaron dos señoras que se sentaron y pidieron horchata. Cuando ésta había . . . traída por el camarero, las dos señoras se pusieron a hablar. Pero después de un rato una de ellas . . . llamada por teléfono. Al volver, dijo a su compañera, que . . . bebiendo su horchata, que había . . . informada por su marido de que no regresaría a casa para comer. — ¡Qué pena! — dijo la otra. — ¡Y la comida ya habrá . . . preparada por tu cocinera! — Sí — contestó la primera. — Y la tuya, ¿. . . preparada? ¿No? Pues, ven a comer conmigo —. El chófer . . . llamado por el camarero, las señoras . . . ayudadas a subir por el chófer, que también abrió la ventanilla que . . . cerrada, y el coche se puso en marcha.

III. *Ejemplo:* cerrar (la tienda): Fue cerrada; estaba cerrada.

Cambiar (ellos); completar (las frases); devolver (el dinero); hacer (la cena); vestir (nosotras); mojar (vosotros); cortar (el pelo); poner (los trajes); pintar (las paredes); terminar (los ejercicios).

IV. Traduzcan ustedes:

1. He is to come tomorrow.
2. We ought to go and see him.
3. They must have finished now.
4. The next day he was to go to school.
5. You must understand that he is not well.
6. She must have written yesterday.
7. Am I to tell her that you will not be at home?
8. Next week you will have to return to work.
9. They were to have sent them a month ago.
10. You ought to have gone to bed early.

B

V. Contesten ustedes:

¿Ha visitado usted algún castillo? ¿Cuándo fue construido, y por quién? ¿Dónde está situado? ¿Vive alguien allí?

¿Qué cosas se ven en un puerto? ¿Para qué sirve un muelle? ¿Qué usan los pescadores para coger peces? ¿Cómo se rompen las redes? ¿Por qué duermen los pescadores durante el día?

¿Sabe usted pintar? ¿Cuáles son los colores más útiles para un pintor? ¿Conoce usted los nombres de algunos pintores españoles? ¿Dónde está la colección de cuadros más célebre de España? ¿Ha visitado usted un museo de arte? ¿Qué cuadro o qué estatua le gustó más?

VI. *Redacción*

(*a*) Usted está paseando en el campo con unos amigos o unas amigas, todos o todas en bicicleta. Deciden separarse y regresar por caminos distintos a ver quién llegará primero. Usted se pone en marcha con un amigo (una amiga) y andan rápidamente cuando pasa algo que les detiene. Cuente usted la historia.

(*b*) Escriba una carta a un amigo (una amiga) describiéndole un puerto donde usted está pasando sus vacaciones.

(*c*) Un viaje por el mar.

C

VII. Traduzcan ustedes:

The car was taken out of the garage, the luggage was put in the boot[1] and we got in. "Is the bill paid?" asked Mother. "Yes, of course," said Father. "Hurry up!" We set off for Alicante across the great central plateau of which we had heard so much. The journey was monotonous — there were few towns, and the road was without shade, because the trees had all been cut (down). From time to time we saw olive-groves, but they were not very near the road. It got hotter and hotter. We were glad to stop at Albacete and seek shade in a restaurant.

We started off again at four, because we still had 170 km. to[2] do. After a while we saw mountains in front (of us), and as[3] we approached the sea, they grew[4] higher and higher, until at last we were surrounded by them. "I'm surprised!" said Mother, "It seems that we are going up instead of down!" Suddenly, without noticing it, we reached the top of a pass[5] and there before us, far, far below,[6] was the immense blue Mediterranean, and a port with white moles that must be Alicante, far away. It was incredible. For once, even my sister didn't say a word!

[1] *el maletón* [2] *que* [3] *conforme* [4] *hacerse* [5] *el puerto* [6] *muy abajo*

VIII. Completen ustedes con un pronombre o un adjectivo relativo o interrogativo:

1. El hombre — escribía se volvió.
2. ¿De — hablabais cuando entré?
3. Desde aquí se ve el acantilado, en — hay un merendero.
4. Buscó en todas partes su impermeable sin — no podría salir.
5. ¿— de los ciclistas llegó primero?
6. La señora de — hemos estado hablando acaba de entrar.
7. Se sentaron bajo el toldo sin tomar nada, — no le gustó al dueño.
8. ¿— flores prefiere usted?
9. ¿De — es este sombrero?
10. Los huertos de olivos por — andábamos eran muy viejos.

BAILE DE GAITA

No quiero que me cortejes
ni me saques a bailar
que tengo ya otros amores
que me saben regalar.
Bailando, bailando,
bailando, bailé,
perdí la cinta del pelo
y eso fue todo lo que gané.
No quiero que me cortejes,
ni me saques a bailar
que tengo ya otros amores
que me saben regalar.

Al baile, madre, mi amor me llevó;
al baile, madre, me voy con mi amor.
No quiero que me cortejes, etc.

Bailando, madre, mi amor encontré;
al baile, madre, me vuelvo con él.
No quiero que me cortejes, etc.

la gaita, bagpipes
regalar, to delight, to entertain
la cinta, ribbon

LECCIÓN VEINTE

SIGAMOS ADELANTE

El pequeño tren que hace el trayecto entre Alicante y Denia se acercaba ya a Calpe y entre los viajeros que se preparaban a bajar, se encontraban los señores de Jiménez y sus hijos con el tío Adolfo, que había llegado inesperadamente de Madrid el día anterior.

— Ha sido un viaje muy interesante — dijo don Pedro.

— Ya lo creo — contestó Teresa —. Me gusta mucho este paisaje — casas blancas, flores encarnadas y, al fondo, el mar azul — es precioso.

En ese momento paró el tren en la estación de Calpe y bajaron nuestros amigos con varios viajeros más. A lo lejos, elevándose del mar, se veía el magnífico peñasco llamado el Peñón de Ifach, y más cerca, entre la estación y la costa, estaba el pueblo de Calpe.

Como el autobús que va a la playa estaba llenísimo, bajaron andando hacia el Peñón. Estaban casi a medio camino cuando un coche paró en la carretera cerca de ellos y el señor que lo conducía les saludó:

— ¡Hola! ¿Qué tal?

— ¡Hola! ¿Cómo está usted, Lloret? — dijo don Pedro.

— Bien, muchas gracias. ¿Qué hacen ustedes por aquí?

— Hemos venido a pasar el día.

— ¿De veras? Nosotros estamos veraneando en Ifach. Si ustedes van a bajar andando hasta la playa con el calor que hace, llegarán cansadísimos. ¿Quién quiere subir en el coche conmigo?

— ¡Hombre! Un viajecito en coche no te vendría mal, ¿verdad, María? — respondió don Pedro.

En efecto, doña María estaba algo cansada y ya que no cabían todos en el coche, decidieron que ella con los niños menores subieran con el señor Lloret, mientras los demás seguían andando.

— ¡Hasta luego! Ya nos veremos en la playa — dijo el señor Lloret.

— Bien. ¡Hasta luego! — dijo don Pedro — y muchas gracias ¿eh?

Los dos señores con Teresa y José volvieron a ponerse en camino y media hora después llegaron a las salinas que se encuentran entre Calpe y el Peñón. Aquí se detuvieron para ver un montón grandísimo de sal que se había sacado del mar. Saludaron a los obreros que estaban trayendo la sal en vagones para amontonarla allí. Luego José dijo a su padre:

— El Mediterráneo contiene mucha sal, ¿verdad, papá?

— Claro que sí; por eso hay tantas salinas en esta costa.

— Esta sal parece blanquísima a la luz del sol — dijo don Adolfo —, pero en realidad, está algo sucia.

— Por eso la llevan de aquí a las refinerías para limpiarla — dijo uno de los obreros.

Después de verlos trabajar un rato, se despidieron de los obreros y bajaron desde lo alto del acantilado a la playa donde encontraron a doña María y los niños sentados con los señores de Lloret debajo del toldo de éstos.

— ¿Quién es aquel chico que parece llamar tanto la atención? — dijo Teresa, mirando a un joven que pasaba cerca de donde estaban.

— Es el torero que tuvo tanto éxito en Alicante en la corrida del domingo pasado; es un chico muy valiente — contestó el señor Lloret —. Toreó tan bien que los aficionados le llevaron en hombros desde la Plaza de toros hasta su hotel.

— A mí no me gustan los toros — dijo Teresa —. No sé si le gustarán a Margaret, mi amiga inglesa.

— ¡Cómo! ¿Viene ella aquí? — dijo don Adolfo.

— Sí, tío. ¿No lo sabías? Debe llegar dentro de tres días y el año próximo, voy yo a Inglaterra.

— Vamos a subir al Peñón antes de bañarnos — dijo don Adolfo — y en el camino me contarás algo más acerca de la visita de tu amiga inglesa.

Teresa, el tío y José se pusieron en camino y mientras subían José observó:

— Me imagino que la chica inglesa no va a estar contenta aquí.

— ¿Cómo que no? — preguntó Teresa, indignada.

— Como llueve mucho en Inglaterra y todo es tan verde allí, este paisaje tan seco le parecerá rarísimo.

— No sé si le gustará el paisaje — dijo Teresa —, pero supongo que tendremos que desayunar copos de maíz tostado, jamón y huevos fritos y siempre tomar té por la tarde, para que esté contenta aquí.

Don Adolfo se detuvo y miró a sus sobrinos con severidad.

— ¡Vaya disparate! — exclamó —. Hijos míos, estáis muy equivocados. ¡Escuchadme!

— ¿No podemos seguir subiendo mientras tanto? — preguntó José.

— ¿Subir? ¡Ni hablar! Con las ideas que tenéis los dos, no sigue adelante nadie. Si Margaret viene aquí buscando desayunos fuertes, té inglés y paisajes como los de su tierra, no aprenderá nada de España. A vosotros os pasará lo mismo si vais a Inglaterra pensando que todo lo que hacen allí es raro. Nadie puede hablar bien un idioma sin comprender a los habitantes del país donde se habla, y para comprenderles, hay que hacer lo que hacen y comer lo que comen.

— Me recuerdas al marinero del Romance del Conde Arnaldos — dijo Teresa —, el que dice:

> Yo no digo esta canción
> sino a quien conmigo va.

— Tienes muchísima razón, hija — respondió su tío y José añadió:

— De acuerdo. Si Margaret se contenta con el desayuno español, yo tomaré té en Inglaterra todas las tardes. Pero todavía no hemos subido mucho; ahora podemos seguir adelante ¿verdad, tío?

— No, chico, se me ocurre algo mejor. Ahora nos bañaremos y cuando vuestra amiguita venga de Inglaterra, la traeremos a Calpe. Volveremos a subir hasta aquí y cuando ella contemple esta bellísima vista, creo que tendrá ganas de subir arriba y de ver más, y entonces, todos juntos, seguiremos adelante.

NOTES

Denia: a small town on the coast halfway between Alicante and Valencia.

Calpe: a village 64 kilometres to the north of Alicante.

un viajecito en coche no te vendría mal: 'you wouldn't mind a lift.' There is no translation in Spanish for 'a lift' in this sense.

el toldo de los señores de Lloret: an individual shelter hired by one family, not as in Lesson XVIII.

VOCABULARY

el acantilado, cliff
el aficionado, amateur, enthusiast (in sport, theatre, etc.)
los copos de maíz tostado, toasted corn flakes
la corrida (de toros), bullfight
el desayuno fuerte, large breakfast
el disparate, nonsense
el fondo, background; **al fondo,** in the background
el hombro, shoulder
el idioma, language
el montón, heap
el obrero, workman
el peñasco, crag
el peñón, rock
las refinerías, refineries
el romance, ballad
la sal, salt
las salinas, saltpans
la severidad, severity
el té, tea
el trayecto, journey
el viajecito (*dim. of* **viaje**), a little trip
la vista, view

amontonar, to pile up
contemplar, to look upon
contentarse con, to be satisfied with
elevarse, to rise
limpiar, to clean
ocurrir, to occur; **se me ocurre algo mejor,** I can think of something better
recordar (ue), to remind
torear, to fight a bull (in the bullring)
venir bien, to be welcome, to be suitable

¿Cómo que no? Why not?
encarnado, -a, crimson
equivocado, -a, mistaken
inesperadamente, unexpectedly
en realidad, in reality

USEFUL EXPRESSIONS

de acuerdo, very well, all right
estar a medio camino, to be halfway
tener éxito, to be successful, to do well (**el éxito,** success)

QUESTIONS

1. ¿Cómo se va desde Alicante hasta Denia?
2. ¿Dónde está Calpe?
3. ¿Cómo es el paisaje cerca de Calpe?
4. ¿Por qué tuvieron los viajeros que ir a pie a la playa?
5. ¿Por qué llegarían cansadísimos?
6. ¿Quiénes subieron al coche?
7. ¿Qué encontraron los demás, media hora después?
8. ¿Por qué hay muchas salinas en la costa?
9. ¿Cómo limpian la sal?
10. ¿Dónde encontraron a doña María y los niños?
11. ¿Por qué llamó la atención el chico que pasaba?
12. ¿Cuándo debía llegar Margaret?
13. ¿Qué quiso hacer don Adolfo?
14. ¿Por qué no es muy verde la costa de Levante?
15. ¿Cómo pensaba Teresa contentar a su amiga?
16. ¿Por qué dijo don Adolfo que era disparate?
17. ¿Qué se debe hacer para comprender un país extranjero?
18. ¿Qué prometió hacer José?
19. ¿Qué hicieron luego en vez de subir al Peñón?
20. ¿Cuándo seguirán adelante?

GRAMMAR

The Absolute Superlative of Adjectives

The normal form of the superlative implies comparison of at least three elements:

Juan es fuerte, Diego es más fuerte, pero el más fuerte de todos es Paco. Juan is strong, Diego is stronger, but the strongest of all is Paco.

There is, however, another kind of superlative, called an absolute superlative, which implies, not a comparison with other people or things, but that the quality expressed by the adjective is present to a very high degree. In English we express this by putting a word like 'very' or 'most' before the adjective, *e.g.*, 'That is most curious' or 'I am very tired indeed.' In Spanish it may be expressed either by using **muy** or by adding **-ísimo** to the adjective, which then agrees with its noun in the usual way. In this lesson we have **lleno,** 'full,' **llenísimo,** 'very full'; **cansado,** 'tired,' **cansadísimo,** 'very tired'; **grande,** 'big,' **grandísimo,** 'very big,' 'huge'; **blanco,** 'white,' **blanquísimo,** 'very white'; **mucho,** 'much,' **muchísimo,** 'very much'; **raro,** 'strange,' **rarísimo,** 'most strange'; **bello,** 'beautiful,' **bellísimo,** 'most beautiful.' Note that if the adjective ends in a vowel, this is removed before **-ísimo** is added.

The following points should be borne in mind when forming the absolute superlative:

1. If the adjective has an accent, this disappears when **-ísimo** is added:

difícil, dificilísimo.

2. The spelling may have to be changed to preserve the pronunciation:

blanco, blanquísimo; largo, larguísimo; feliz, felicísimo.

3. Stressed **ue** changes to **o:**

bueno, bonísimo; fuerte, fortísimo; nuevo, novísimo.

(In practice these forms are seldom used; ***bue*nísimo,** however, is common in colloquial speech, though technically incorrect.)

4. **-ble** becomes **-bil-:**

amable, amabilísimo; noble, nobilísimo.

When words of this type have more than three syllables, use **muy.**

5. Note these irregular superlatives:

valiente, valentísimo; célebre, celebérrimo; antiguo, antiquísimo.

Caution: Many other absolute superlatives are irregular—note them as you see them. The golden rule is: when in doubt, use **muy.** It is often preferred in any case, for instance **muy valiente** (in this lesson) is commoner than **valentísimo.** **Sumamente,** 'in the highest degree,' is also useful: **Eran sumamente felices,** 'They were very, very happy.'

Note: Foreigners in Spain tend to abuse the absolute superlative, particularly in the case of **muchísimas gracias** which they use where a Spaniard would say **gracias** or **muchas gracias.** Keep this for someone who has done you a real service for which you are very grateful.

The Absolute Superlative of Adverbs

Adverbs can be formed from the absolute superlative adjectives by adding **-mente** to the feminine singular:

> **fortísimamente,** 'very strongly,' 'most strongly.'
> **riquísimamente,** 'very richly,' 'most richly.'

These adverbs are sometimes very long, *e.g.*, **impacientísimamente,** and forms like **muy impacientemente** or **con mucha impaciencia** are often preferred. See Lesson XV, Grammar, Section B 3, for avoidance of long adverbs.

EJERCICIOS

A

I. *Ejemplo:* He ido al teatro muchas veces.
He ido al teatro muchísimas veces.

1. Esta paella es rica. 2. Teresa se puso colorada.

3. Los autobuses iban llenos. 4. Esta película es pesada. 5. El camino era malo. 6. Isabel es una niña bella. 7. Aquel pueblo parecía raro. 8. Vivían en una casa antigua. 9. Mi padre es bueno. 10. Los guardias resultaron amables. 11. El león es un animal noble. 12. Es una lección fácil. 13. El castellano es un idioma útil. 14. La nieve era blanca. 15. La ciudad tiene un muelle largo. 16. Contestó con pocas palabras. 17. El Palacio Real es grande. 18. Velázquez fue un pintor célebre. 19. Los vinos de Navarra son fuertes. 20. Montaba un burro pequeño.

II. Escriban ustedes de distinta manera:

1. Esperábamos pacientísimamente la llegada del tren.
2. Acabo de leer un libro interesantísimo.
3. Nos han acogido amabilísimamente.
4. Tenía un coche excelentísimo.
5. La estación estaba concurridísima.
6. Bajaron la escalera silenciosísimamente.
7. La madre buscaba ansiosísimamente.
8. El hombre que se ahogaba gritó desesperadísimamente.
9. Afortunadísimamente, en este momento entró mi padre.
10. El avión les trajo a Madrid rapidísimamente.

B

III. Contesten ustedes:

¿Qué es un peñasco? ¿Dónde hay peñascos en Inglaterra? ¿Dónde hay acantilados?

¿A qué hora están llenos los autobuses en Inglaterra? ¿Viene usted al instituto en autobús? ¿Tiene usted algún amigo que le invita a veces a subir en su coche? ¿Vive usted muy lejos de la estación? La última vez que fue de vacaciones, ¿a qué distancia estaba el pueblo de la estación? ¿Cómo fue usted al hotel?

¿Estaba concurrida la playa? ¿Cómo es su traje de baño?

¿Tiene usted un amigo o una amiga en España, con quien puede cambiar cartas? ¿Dónde vive? ¿Piensa usted ir a España un día? ¿Qué cosas le gustaría ver? ¿Cómo le gustaría más viajar?

IV. Tomen ustedes sus atlas y hagan en sus cuadernos un mapa de España. Pongan en este mapa las cosas siguientes:

(*a*) Ríos: el Ebro, el Duero, el Tajo, el Guadiana, el Guadalquivir.

(*b*) Montañas: La Cordillera Cantábrica y los Pirineos; la Sierra de Guadarrama; la Sierra de Cuenca; la Sierra Morena; la Sierra Nevada.

(*c*) Las provincias: Galicia, Asturias, Provincias Vascongadas, Navarra, Aragón, Cataluña; León, Castilla la Vieja, Castilla la Nueva, Valencia; Extremadura, Andalucía, Murcia.

(*d*) Las ciudades del norte: Coruña, Santiago de Compostela, Santander, Bilbao, San Sebastián, Pamplona, Zaragoza, Barcelona.
Las de la meseta: Burgos, Valladolid, Segovia, Madrid, Toledo, Albacete.
Las del sur: Córdoba, Sevilla, Granada, Cádiz.
Las de Levante: Alicante, Valencia.

V. *Redacción*

(*a*) Usted está regresando a casa bajo la lluvia cuando un coche para a su lado. El conductor le invita a subir. Después de unos minutos de conversación, resulta que el conductor está buscando su casa de usted. ¿Por qué? ¿Quién es?

(*b*) Un amigo (una amiga) extranjero con el cual usted ha cambiado cartas durante mucho tiempo viene a Inglaterra a visitarle. ¿Cómo se reconocen ustedes? ¿Cómo pasan el tiempo? ¿Adónde le lleva usted. ¿Qué cosas le parecen raras? ¿Está contento con su visita?

(*c*) La sal — de dónde viene — cómo llega a las casas — su importancia para el hombre. (**Evaporar,** to evaporate; **la mina,** mine.)

C

VI. Traduzcan ustedes:

Nowadays more and more English people are going to Spain to spend their holidays. One wonders why. Many of them go to the Costa Brava — you hear more people there speaking English and French than Spanish in August — and, of course, the weather is very fine, and the coast is most beautiful. You would think that after so long (a) journey they would be delighted to discover[1] that everything is quite different from England, so that it is worth the trouble[2] of having come so far to see something new. But no, they get annoyed because they want everything to be exactly as it is at Blackpool or Brighton. They don't like the food, they don't like the people, who are so stupid that they cannot understand English, even when it is shouted! One may laugh at these people, but they are not really amusing. Because of them the Spaniards have a very bad opinion of the English. They go home without knowing anything of Spain and they talk nonsense[3] about it. If you want to enjoy yourselves in Spain, learn Spanish, eat what the Spaniards eat, and live as they live. Then when your Spanish friends come to England, you can show them how we live here.

[1] *enterarse de que* [2] *valer la pena* [3] *decir disparates*

VII. *Repaso*

Traduzcan ustedes:

1. I put. 2. He is following. 3. They were going.

4. They used to see him. 5. We should go. 6. We would go every Sunday. 7. Have they finished? 8. Had you heard? (*vosotros*). 9. She brought. 10. They said. 11. You drove (*tú*). 12. I shan't tell. 13. He will have begun. 14. I should have thought. 15. When he had spoken, I went out. 16. You will wish (*usted*). 17. They will not be able. 18. In order that he may know. 19. Unless she has written. 20. Before we went up. 21. Even if he went. 22. As if I had returned. 23. It was necessary that she should arrive early. 24. I don't think he will come. 25. Let us go on.

ROMANCE DEL CONDE ARNALDOS

¡Quién hubiera tal ventura
sobre las aguas del mar
como hubo el Conde Arnaldos
la mañana de San Juan!
Con un falcón en la mano
la caza iba a cazar,
vio venir una galera
que a tierra quiere llegar.
Las velas trae de seda,
la jarcia de oro torzal,
áncoras tiene de plata,
tablas de fino coral.
Marinero que la manda
diciendo viene un cantar
que la mar ponía en calma,
los vientos hace amainar,
los peces que andan al hondo
arriba los hace andar,
las aves que andan volando
al mástil vienen posar.

Allí habló el conde Arnaldos,
bien oiréis lo que dirá:
— Por Dios te ruego, marinero,
dígasme ora ese cantar —.
Respondióle el marinero,
tal respuesta le fue a dar:
— Yo no digo esta canción
sino a quien conmigo va.

ANÓNIMO

¡Quién hubiera! If only I had! (**haber** used as in old Spanish for **tener**)
la ventura, good fortune
el conde, Count
el falcón, falcon
la caza, game (birds)
cazar, to shoot, to hunt
la galera, galley
la vela, sail
la seda, silk
la jarcia, rigging
el oro (*used here as adjective*), gold
el torzal, twisted cord
el áncora (*f.*) (*old word*), anchor (*modern word:* **el ancla** (*f.*))
la tabla, plank
fino, -a, fine
el coral, coral
el cantar, song
la calma, calm
amainar, to calm
al hondo (*old word*), at the bottom
volar (**ue**), to fly
el mástil, mast
posar, to perch
ora, now (*old form of* **ahora**)
la respuesta, answer

APPENDIX I

REVISION OF GRAMMAR IN "NOS PONEMOS EN CAMINO"

1. *Present Tense Endings*

-ar *verbs*	**-er** *verbs*	**-ir** *verbs*
-o	**-o**	**-o**
-as	**-es**	**-es**
-a	**-e**	**-e**
-amos	**-emos**	**-imos**
-áis	**-éis**	**-ís**
-an	**-en**	**-en**

2. *Participles*

Present		*Past*	
-ar:	**-ando**	**-ar:**	**-ado**
-er:	**-iendo**	**-er:**	**-ido**
-ir:	**-iendo**	**-ir:**	**-ido**

Irregular Past Participles

abrir:	**abierto**	**poner:**	**puesto**
cubrir:	**cubierto**	**romper:**	**roto**
escribir:	**escrito**	**ver:**	**visto**
hacer:	**hecho**	**volver:**	**vuelto**
morirse:	**muerto**		

3. *Perfect Tense*

Present tense of **haber** + past participle.

hablar:	**comer:**
he hablado	**he comido**
has hablado	**has comido**
ha hablado	**ha comido**
hemos hablado	**hemos comido**
habéis hablado	**habéis comido**
han hablado	**han comido**

4. *Future Tense*

Add to the *infinitive* of the verb: **-é, -ás, -á, -emos, -éis, -án.**

hablaré
hablarás
hablará
hablaremos
hablaréis
hablarán

Irregular Futures

decir:	**diré**	**saber:**	**sabré**
haber:	**habré**	**salir:**	**saldré**
hacer:	**haré**	**tener:**	**tendré**
poder:	**podré**	**valer:**	**valdré**
poner:	**pondré**	**venir:**	**vendré**
querer:	**querré**		

5. *Imperative, Polite Form*

-ar *verbs*	**-er** *verbs*	**-ir** *verbs*
hable usted	**coma usted**	**viva usted**
hablen ustedes	**coman ustedes**	**vivan ustedes**

6. *Radical-changing Verbs*

Present Tense and Present Participle of all groups. (*See Appendix II, page* 250.)

7. *Conjunctive Object Pronouns*

Reflexive	*Direct Object*	*Indirect Object*
me	**me**	**me**
te	**te**	**te**
se	**lo, le; la**	**le**
nos	**nos**	**nos**
os	**os**	**os**
se	**los, les; las**	**les**

N.B. *Direct object pronoun, third person masculine:* Generally **le** and **les** are used for *persons*, but it is not incorrect to use **lo** and **los.** For *things*, **lo** and **los** must be used.

8. *Position of Object Pronouns*

(*a*) Object pronouns generally go *before* the verb (with the perfect tense, before **haber**), but they go *after* an imperative affirmative, an infinitive, a present participle.

¡Cómalo! Eat it!
Voy a comerlo (*or* **Lo voy a comer.**) I am going to eat it.

Estoy comiéndolo (*or* **Lo estoy comiendo.**) I am eating it.

(*b*) When two object pronouns occur together, the indirect object comes first.

Me lo da. He gives it to me.

(*c*) When two third person pronouns come together, the first one always changes to **se.**

I give it to him. **Se lo doy** (*not* **le lo.**)

(*d*) With a negative imperative, the pronoun goes before the verb.

Dígalo usted. *But* **No lo diga usted.**
Levántese usted. *But* **No se levante usted.**
Déselo. *But* **No se lo dé usted.**

9. *Disjunctive Pronouns*

mí	**nosotros, -as**
ti	**vosotros, -as**
sí*	**sí***
él	**ellos**
ella	**ellas**

* This pronoun is reflexive only, and must refer to the subject of the sentence.

The disjunctive pronouns are used mainly after a preposition and for emphasis.

Delante de él, detrás de nosotros.
Me lo ha dado a mí. He has given it to *me*.

With **con, mí, ti** and **sí** form the compounds **conmigo, contigo** and **consigo.**

Lo trae consigo. He brings it with him.

10. *Possessive Adjectives*

mi, mis, my	**nuestro, -a, -os, -as,** our
tu, tus, your	**vuestro, -a, -os, -as,** your
su, sus, his, her, your	**su, sus,** their, your

Remember that **su, sus** can stand for 'his,' 'her,' 'their,' 'your,' and a distinction can be made by saying **el libro de él, la casa de ellas,** etc., instead.

11. *Possessive Pronouns*

el mío, la mía, los míos, las mías, mine
el tuyo, la tuya, los tuyos, las tuyas, yours
el suyo, la suya, los suyos, las suyas, his, hers, yours
el nuestro, la nuestra, los nuestros, las nuestras, ours
el vuestro, la vuestra, los vuestros, las vuestras, yours
el suyo, la suya, los suyos, las suyas, theirs, yours

Note also: **un amigo mío,** 'a friend of mine.'

N.B. Possessive adjectives and pronouns take their gender and number from the thing possessed, not from the possessor.

12. *Demonstrative Adjectives and Pronouns*

este, esta, this
ese, esa, that (near you)
aquel, aquella, that (over there)

estos, estas, these
esos, esas, those (near you)
aquellos, aquellas, those (over there)

These are adjectives and must be followed by a noun. When they stand alone as pronouns, an accent must be added.

éste, ésta, éstos, éstas, this one, these (ones)
ése, ésa, ésos, ésas, that one, those (ones)
aquél, aquélla, aquéllos, aquéllas, that one, those

Esto, eso, aquello, 'this,' 'that,' are neuter pronouns and cannot refer to a noun, only to a clause or an idea.

13. *Apocopation*

These adjectives drop the final **o** in the *masculine* singular when they come immediately before the noun:

bueno, malo, primero, tercero, alguno, ninguno

e.g., **Un buen hombre, el primer mes, algún día, ningún amigo.** (Note accents.)

Grande changes to **gran** in the masculine and feminine singular when it is used before the noun.

Ciento, 'one hundred,' becomes **cien** before a noun, but not before a number.

Cien veces, ciento cincuenta.

Santo becomes **San** before the name of a saint, unless it begins with **To-** or **Do-.**

San Pedro, Santo Domingo.

14. *Negatives*

When the negative word follows the verb, **no** is required before the verb; if it precedes the verb, **no** is not required.

Nadie, nobody; **nada,** nothing; **ninguno, -a,** no, none, not one; **nunca,** and **jamás,** never; **ni . . . ni . . .,** neither . . . nor . . .; **tampoco,** neither, not . . . either.

15. **Ser** *and* **estar**

Ser is used for identity; nationality; occupation; characteristics which do not change; the material of which a thing is made; time of day; colours.

Estar is used for position; temporary states (with adjectives or past participles); actions in progress (with present participle).

Examples:

La nieve es fría. Snow is cold (always.)
El agua está fría. The water is cold (but not all water all the time.)
Es viejo. He is old (and will never be anything else.)
Está cansado. He is tired (for the time being.)
Es actor. He is an actor. (Profession or identity.)
Está aquí. He is here. (Position.)

16. *Expressions with* **tener**

tener hambre, to be hungry
tener apetito, to have an appetite
tener sed, to be thirsty
tener frío, to be cold
tener calor, to be hot or warm
tener suerte, to be lucky
tener sueño, to be sleepy
tener que, to have to, must
tener . . . años, to be . . . years old

17. *Seasons*

la primavera, spring
el verano, summer
el otoño, autumn
el invierno, winter

Days of the week (all masculine)

lunes, Monday
martes, Tuesday
miércoles, Wednesday
jueves, Thursday
viernes, Friday
sábado, Saturday
domingo, Sunday

Months (all masculine)

enero	**mayo**	**se(p)tiembre**
febrero	**junio**	**octubre**
marzo	**julio**	**noviembre**
abril	**agosto**	**diciembre**

18. *Numbers*

1	**uno, una**	18	**dieciocho**	50	**cincuenta**
2	**dos**	19	**diecinueve**	60	**sesenta**
3	**tres**	20	**veinte**	70	**setenta**
4	**cuatro**	21	**veintiuno**	80	**ochenta**
5	**cinco**		**(veintiún)**	90	**noventa**
6	**seis**	22	**veintidós**	100	**ciento**
7	**siete**	23	**veintitrés**	200	**doscientos, -as**
8	**ocho**	24	**veinticuatro**	300	**trescientos, -as**
9	**nueve**	25	**veinticinco**	400	**cuatrocientos, -as**
10	**diez**	26	**veintiséis**	500	**quinientos, -as**
11	**once**	27	**veintisiete**	600	**seiscientos, -as**
12	**doce**	28	**veintiocho**	700	**setecientos, -as**
13	**trece**	29	**veintinueve**	800	**ochocientos, -as**
14	**catorce**	30	**treinta**	900	**novecientos, -as**
15	**quince**	31	**treinta y uno**	1.000	**mil**
16	**dieciséis**	32	**treinta y dos**	1.000.000	**un millón**
17	**diecisiete**	40	**cuarenta**		

Notes

1. **Ciento** and **uno** are apocopated before a masculine noun.

Cien pasos, un día, veintiún minutos.

2. **Ciento** is *not* apocopated before a *number*.

183, **ciento ochenta y tres.**

3. In Spanish one does not say twelve hundred, nineteen hundred, etc., as we do, but always one thousand two hundred, one thousand nine hundred.

1957, **mil novecientos cincuenta y siete.**

4. **Y** occurs only between tens and units.

1.765, **mil setecientos sesenta y cinco.**

5. A full-stop, not a comma, is used to mark off thousands. A comma is used where we use a decimal point.

1,3 **5.873.621**

APPENDIX II

RADICAL-CHANGING VERBS

Group I: **-ar** *and* **-er** *verbs*

Rule: **e** changes to **ie, o** changes to **ue** when stem is stressed.

Parts affected: Present indicative and subjunctive.

empezar		**encontrar**	
empiezo	empiece	encuentro	encuentre
empiezas	empieces	encuentras	encuentres
empieza	empiece	encuentra	encuentre
empezamos	empecemos	encontramos	encontremos
empezáis	empecéis	encontráis	encontréis
empiezan	empiecen	encuentran	encuentren

Note: **jugar** belongs to this group, **u** changing to **ue.**

Group II: **-ir** *verbs*

Rule: 1. **e** changes to **ie, o** changes to **ue** when stem is stressed.

2. **e** changes to **i, o** changes to **u** when next syllable contains stressed **a, ie,** or **ió.**

Parts affected: Present indicative and subjunctive, present participle, preterite, imperfect subjunctive.

sentir

Pres. Indic.	*Pres. Subj.*	*Preterite*	*Pres. Part.*
siento	sienta	sentí	sintiendo
sientes	sientas	sentiste	
siente	sienta	sintió	*Imperf. Subj.*
sentimos	sintamos	sentimos	sintiese, etc.
sentís	sintáis	sentisteis	sintiera, etc.
sienten	sientan	sintieron	

dormir

Pres. Indic.	*Pres. Subj.*	*Preterite*	*Pres. Part.*
duermo	duerma	dormí	durmiendo
duermes	duermas	dormiste	
duerme	duerma	durmió	*Imperf. Subj.*
dormimos	durmamos	dormimos	durmiese, etc.
dormís	durmáis	dormisteis	durmiera, etc.
duermen	duerman	durmieron	

Group III: **-ir** *verbs*

Rule: **e** changes to **i** when stem is stressed and when next syllable contains stressed **a, ie,** or **ió.**

Parts affected: Present indicative and subjunctive, present participle, preterite, imperfect subjunctive.

vestir

Pres. Indic.	*Pres. Subj.*	*Preterite*	*Pres. Part.*
visto	vista	vestí	vistiendo
vistes	vistas	vestiste	
viste	vista	vistió	*Imperf. Subj.*
vestimos	vistamos	vestimos	vistiese, etc.
vestís	vistáis	vestisteis	vistiera, etc.
visten	vistan	vistieron	

Reference Lists

The following radical-changing verbs are used in *Nos ponemos en camino* and *Seguimos adelante:*

Group I

acordarse	despertar	llover	rogar
acostarse	empezar	merendar	sentarse
almorzar	encender	mover	soler
apretar	encerrar	nevar	sonar
atender	encontrar	pensar	soñar
calentar	enterrar	perder	temblar
colgar	envolver	probar	tender
contar	extender	recordar	volar
costar	helar	remover	volver
demostrar	jugar	rodar	

Group II		Group III	
consentir	morirse	conseguir	reñir
divertir	preferir	despedir	repetir
dormir	referir	elegir	seguir
mentir	sentir	pedir	servir
		reírse	vestir

APPENDIX III

IRREGULAR VERBS

N.B. Only the irregular parts of the verb are given. It may be assumed that the rest is regular.

andar, to go, to walk

Pret. anduve, anduviste, anduvo, anduvimos, anduvisteis, anduvieron.

caber, to fit in, to be contained

Pres. Ind.: quepo, cabes, cabe, cabemos, cabéis, caben.
Pres. Subj.: quepa, etc.
Pret.: cupe, cupiste, cupo, cupimos, cupisteis, cupieron.
Fut.: cabré, etc.

caer, to fall

Participles: cayendo, caído.
Pres. Ind.: caigo, caes, cae, caemos, caéis, caen.
Pres. Subj.: caiga, etc.
Pret.: caí, caíste, cayó, caímos, caísteis, cayeron.

concluir, to conclude

Participles: concluyendo, concluido.
Pres. Ind.: concluyo, concluyes, concluye, concluimos, concluís, concluyen.
Pres. Subj.: concluya, etc.
Pret.: concluí, concluiste, concluyó, concluimos, concluisteis, concluyeron.
Imperf. Subj.: concluyese, concluyera, etc.
Imperative: concluye, concluid.

N.B. **Construir** and **huir** are conjugated like **concluir.**

conducir, to lead, to drive

Pres. Ind.: conduzco, conduces, conduce, conducimos, conducís, conducen.
Pres. Subj.: conduzca, etc.
Pret.: conduje, condujiste, condujo, condujimos, condujisteis, condujeron.

N.B. All verbs ending in **-ducir** are conjugated like **conducir.**

conocer, to know

Pres. Ind.: conozco, conoces, conoce, conocemos, conocéis, conocen.
Pres. Subj.: conozca, etc.

N.B. **Parecer, aparecer** and most verbs ending in **-ecer** are conjugated like **conocer.**

creer, to believe

Participles: creyendo, creído.
Pret.: creí, creíste, creyó, creímos, creísteis, creyeron.

N.B. **Leer** is conjugated like **creer.**

dar, to give

Pres. Ind.: doy, das, da, damos, dais, dan.
Pres. Subj.: dé, des, dé, demos, deis, den.
Pret.: di, diste, dio, dimos, disteis, dieron.

decir, to say, to tell

Participles: diciendo, dicho.
Pres. Ind.: digo, dices, dice, decimos, decís, dicen.
Pres. Subj.: diga, etc.
Pret.: dije, dijiste, dijo, dijimos, dijisteis, dijeron.
Fut.: diré, etc.
Imperative: di, decid.

enviar, to send

Pres. Ind.: envío, envías, envía, enviamos, enviáis, envían.
Pres. Subj.: envíe, envíes, envíe, enviemos, enviéis, envíen.

N.B. **Continuar** is conjugated like **enviar.** (Continúo, etc.)

estar, to be

Pres.: estoy, estás, está, estamos, estáis, están.
Pres. Subj.: esté, estés, esté, estemos, estéis, estén.
Pret.: estuve, estuviste, estuvo, estuvimos, estuvisteis, estuvieron.
Imperative: está, estad.

gruñir, to grunt

Participles: gruñendo, gruñido.
Pret.: gruñí, gruñiste, gruñó, gruñimos, gruñisteis, gruñeron.
Imperf. Subj.: gruñese, gruñera.

N.B. **Reñir** (**i**) and all verbs ending in **-ñir** are conjugated like **gruñir**

haber, to have

Pres. Ind.: he, has, ha, hemos, habéis, han.
Pres. Subj.: haya, etc.
Pret.: hube, hubiste, hubo, hubimos, hubisteis, hubieron.
Fut.: habré, etc.

hacer, to do, to make.

Participles: haciendo, hecho.
Pres. Ind.: hago, haces, hace, hacemos, hacéis, hacen.
Pres. Subj.: haga, etc.
Pret.: hice, hiciste, hizo, hicimos, hicisteis, hicieron.
Fut.: haré, etc.
Imperative: haz, haced.

ir, to go

Participles: yendo, ido.
Pres. Ind.: voy, vas, va, vamos, vais, van.
Pres. Subj.: vaya, etc.
Pret.: fui, fuiste, fue, fuimos, fuisteis, fueron.
Imperative: ve, id.

oír, to hear

Participles: oyendo, oído.
Pres. Ind.: oigo, oyes, oye, oímos, oís, oyen.
Pres. Subj.: oiga, etc.
Pret.: oí, oíste, oyó, oímos, oísteis, oyeron.
Imperative: oye, oíd.

poder, to be able

Participles: pudiendo, podido.
Pres. Ind.: puedo, puedes, puede, podemos, podéis, pueden.
Pres. Subj.: pueda, puedas, pueda, podamos, podáis, puedan.
Pret.: pude, pudiste, pudo, pudimos, pudisteis, pudieron.
Fut.: podré, etc.

poner, to put, to place

Participles: poniendo, puesto.
Pres. Ind.: pongo, pones, pone, ponemos, ponéis, ponen.
Pres. Subj.: ponga, etc.
Pret.: puse, pusiste, puso, pusimos, pusisteis, pusieron.
Fut.: pondré, etc.
Imperative: pon, poned.

N.B. **Suponer, proponer,** and **componer** are conjugated like **poner.**

querer, to wish, to like, to love

Pres. Ind.: quiero, quieres, quiere, queremos, queréis, quieren.
Pres. Subj.: quiera, quieras, quiera, queramos, queráis, quieran.

Pret.: quise, quisiste, quiso, quisimos, quisisteis, quisieron.
Fut.: querré, etc.
Imperative: quiere, quered.

saber, to know

Pres. Ind.: sé, sabes, sabe, sabemos, sabéis, saben.
Pres. Subj.: sepa, etc.
Pret.: supe, supiste, supo, supimos, supisteis, supieron.
Fut.: sabré, etc.

salir, to go out

Pres. Ind.: salgo, sales, sale, salimos, salís, salen.
Pres. Subj.: salga, etc.
Fut.: saldré, etc.
Imperative: sal, salid.

ser, to be

Participles: siendo, sido.
Pres. Ind.: soy, eres, es, somos, sois, son.
Pres. Subj.: sea, etc.
Pret.: fui, fuiste, fue, fuimos, fuisteis, fueron.
Imperative: sé, sed.

tener, to have

Pres. Ind.: tengo, tienes, tiene, tenemos, tenéis, tienen.
Pres. Subj.: tenga, etc.
Pret.: tuve, tuviste, tuvo, tuvimos, tuvisteis, tuvieron.
Fut.: tendré, etc.
Imperative: ten, tened.

N.B. **Contener** and **detener** are conjugated like **tener.**

traer, to bring

Participles: trayendo, traído.
Pres. Ind.: traigo, traes, trae, traemos, traéis, traen.
Pres. Subj.: traiga, etc.
Pret.: traje, trajiste, trajo, trajimos, trajisteis, trajeron.

valer, to be worth

Pres. Ind.: valgo, vales, vale, valemos, valéis, valen.
Pres. Subj.: valga, etc.
Fut.: valdré, etc.

venir, to come

Participles: viniendo, venido.
Pres. Ind.: vengo, vienes, viene, venimos, venís, vienen.
Pres. Subj.: venga, etc.
Pret.: vine, viniste, vino, vinimos, vinisteis, vinieron.
Fut.: vendré, etc.
Imperative: ven, venid.

N.B. **Intervenir** and **convenir** are coniugated like **venir.**

ver, to see

Participles: viendo, visto.
Pres. Ind.: veo, ves, ve, vemos, veis, ven.
Pres. Subj.: vea, etc.
Pret.: vi, viste, vio, vimos, visteis, vieron.
Imperative: ve, ved.

APPENDIX IV

SPELLING CHANGES

Spanish spelling has undergone a continuous process of revision with the praiseworthy object of ensuring that the spelling shows exactly how a word is pronounced. In order to maintain this admirable state of affairs, words which change their endings—nouns, adjectives and verbs—sometimes have to change their spelling, otherwise the pronunciation would be falsified. These changes are perfectly simple, once you understand the principles of Spanish spelling, and should rapidly become automatic. (If you read the words aloud to yourself, you should immediately detect where a change is necessary.) Here are the points to watch:

1. **z** changes to **c** before **e** and **i:**
   empie**zo,** empie**ce;** lápi**z,** lápi**ces;** feli**z,** feli**ces**
2. **c** changes to **z** before **a, o, u,** or at the end of a word:
   hi**ce, hizo;** Andalu**cía,** andalu**z,** andalu**za**
3. **g** changes to **j** before **a, o, u:**
   co**ger,** co**jo,** co**ja;** ele**gir,** eli**jo,** eli**ja**
4. **c** changes to **qu** before **e** and **i:**
   bus**camos,** bus**quemos;** ri**co,** ri**quísimo**
5. **qu** changes to **c** before **a, o, u:**
   esto**que,** esto**cada** (sword-thrust)
6. **g** changes to **gu** before **e** and **i:**
   pa**gar,** pa**gué,** pa**guemos**
7. **gu** changes to **g** before **a, o, u** (unless the **gu** is pronounced as in **agua**):
   lle**gué,** lle**gó;** distin**guir,** distin**go**
8. When **gu** is pronounced as in **agua** before **e** or **i,** a diaeresis is placed over the **u.**
   El libro de Si**güenza.**

SPANISH-ENGLISH VOCABULARY

abajo, below
abandonar, to leave
el **abanico,** fan
el **abrazo,** embrace; **un abrazo de** (in a letter), love from
abrirse camino, to make way for oneself
absorto, -a, engrossed
el **abstemio,** teetotaler
la **abuelita** (*dim. of* **abuela**), granny
aburrido, -a, boring
aburrirse, to get bored
acabar, to finish; **acabar de** (+*inf.*), to have just
la **acacia,** acacia
el **acantilado,** cliff
acariciar, to stroke, to fondle
acaso, perhaps
el **aceite,** olive-oil
la **aceituna,** olive
aceptar, to accept
acerca de, about, concerning
el(la) **acomodador(a),** usher (ette)
acostumbrar a, to be in the habit of; **acostumbrarse a,** to get used to
el **acto,** act (in play)
el **actor,** actor
la **actriz,** actress
el **acuerdo,** agreement; **de acuerdo,** in agreement
Adán, Adam
adelante, forward
además, besides, moreover
afeitar, to shave
aficionado, -a, a, fond of, interested in
el **aficionado,** amateur, enthusiast
afortunadamente, fortunately
(el) **África** (*f.*), Africa
africano, -a, African
las **afueras,** outskirts
agitar, to wave, to shake
agradecer, to be grateful
agradecido, -a, grateful
aguantar, to bear
el **agujero,** hole
el **alambre,** wire
el **albaricoque,** apricot
alborotar, to make a disturbance
el **alcalde,** mayor
la **aldea,** village
alegrarse (de), to be glad
alejarse, to move away
alemán, alemana, German
Alemania, Germany
las **alforjas,** saddle-bags
alicantino, -a, of Alicante
la **almendra,** almond
el **almendro,** almond-tree
el **almiar,** haystack
el **almirez,** mortar (for use with pestle)

almorzar (**ue**), to have lunch
el **almuerzo,** lunch
alquilar, to rent, to hire
alto, -a, high, tall
lo **alto,** the top
amainar, to calm
amanecer, to dawn
el **amanecer,** dawn
amarrar, to moor
el **amo,** master
amontonar, to heap up
el **amor,** love
amplio, -a, wide, vast
el **ancla** (*modern word*) (*f.*), anchor
el **áncora** (*old word*) (*f.*), anchor
ancho, -a, wide; **más ancho que largo,** swelling with pride
anchuroso, -a, spacious
¡Anda! Well, well! Come now!
andaluz, -a, Andalusian
andar, to go, to work, to walk
el **andén,** platform
el **anfiteatro,** dress circle
la **animación,** excitement, stir
animado, -a, excited
el **animal,** animal
animarse, to cheer up; **animarse a,** to make up one's mind to
anoche, last night
anochecer, to grow dark; **anochece,** night falls
el **anochecer,** nightfall, twilight
ansioso, -a, anxious
anterior, previous
con anticipación (*f.*), in advance
antiguo, -a, old (of buildings, etc.)
añadir, to add
apagar, to extinguish
aparecer, to appear
aparte de, apart from
apenas, scarcely
aplaudir, to applaud
los **aplausos,** applause
apretar (**ie**), to press
¡Aprieta! Step on it!
aprovechar, to benefit, to take advantage of
aproximarse a, to approach
la **apuesta,** bet, wager, dare
arar, to plough
el **árbol,** tree; **el árbol frutal,** fruit tree
el **arbolito,** little tree
arder, to burn, to be on fire
la **arena,** sand
Argentina, Argentina
argentino, -a, Argentinian
armar, to set up, to start; **armar un jaleo,** to create a disturbance
la **armónica,** mouth organ
arrancar, to tear out
¡Arre! Gee up!
arreglar, to arrange, to settle, to repair; **arreglarse,** to tidy oneself up
arriba, above, onward; **arriba y abajo,** up and down
arrojar, to fling
el **artista de cine,** film actor
asar, to roast
asegurar, to assure

el **asiento,** seat
asomarse, to look out
asombrado, -a, surprised
la **astronave,** space-ship
el **asunto,** subject, matter
asustarse, to be scared
atar, to tie, to tether
la **atención,** attention
atender (**ie**), to attend, to serve
atreverse a, to dare to
atropellar, to run over
el **aula** (*f.*), classroom
aun, even
aún, still; **aún no,** not yet
la **ausencia,** absence
el **autobús,** bus
el **ave** (*f.*), bird
el **aventurero,** explorer; **el aventurero del espacio,** space traveller
avergonzado, -a, ashamed
ayer, yesterday

la **badila,** 'poker' for *brasero* (*see Lesson VIII*)
bajar, to take down; to come or go down; **bajar de,** to alight from
bajo, -a, low
bajo (*adv.*), in a low voice
el **balcón,** window, balcony
la **balsa,** raft
el **banco,** bench, seat
la **banda,** band
la **bandeja,** tray
la **bandera,** flag
el **bandido,** bandit
bañarse, to bathe, to bath
el **bañista,** bather
el **baño,** bathe, bath; **el traje de baño,** bathing-costume
el **bar,** bar (for drinks)
barato, -a, cheap
la **barca,** boat (small)
el **barco,** ship
el **barrio,** quarter (of town)
el **bastón,** stick
Belén, Bethlehem; a nativity scene
belga, Belgian
Bélgica, Belgium
besar, to kiss
la **bicicleta,** bicycle
bien . . . o bien, either . . . or
el **billete,** ticket; bank-note
la **bisutería,** trinket shop
el **bisutero,** trinket seller
la **blusa,** blouse
la **bolsa,** shopping-bag; **bolsa de papel,** paper-bag
el **bombero,** fireman
el **bombón,** fancy chocolate
bonito, -a, pretty, nice
la **bota,** boot; small wineskin (*see Lesson XVII*); **bota de esquí,** ski-ing boot
la **botella,** bottle
el **botijo,** earthenware water-container (*see Lesson XVI*)
el **brasero,** brazier (*see Lesson VIII*)
británico, -a, British
la **broma,** joke, trick
el **buey,** ox
el **burro,** donkey
la **busca,** search; **en busca de,** in search of
el **buscador,** searcher
la **butaca,** armchair
el **buzón,** letter-box

¡**Ca**! Nothing of the sort!
el **caballito,** little horse
el **caballo,** horse
caber, to fit into (*see Lesson XI*)
cabezudo, -a, large-headed (*see Lesson V*)
la **cabra,** goat
el **cabrero,** goat-herd
caer(**se**), to fall; **se me ha caído la pulsera,** I have dropped the bracelet
la **cafetería,** milk-bar
la **caja,** box; cash-desk
el **cajero,** la **cajera,** cashier
la **calefacción,** heating
calentar (**ie**), to heat, to warm
la **calma,** calm, quiet
calmarse, to calm down
el **calor,** heat, warmth
callarse, to be silent, to stop talking
caminar, to go, to travel on
el **camión,** lorry
el **campamento,** camp
la **campana,** bell
la **campanada,** chime
el (la) **campesino, -a,** peasant, countryman (woman)
el **campo,** country, field
el **canal,** canal
¡**Canastos**! Good heavens
la **canción,** song
cansarse de, to grow tired of
el **cantar,** song
cantar, to sing; **cantar a todo cantar,** to sing at the top of one's voice
la **cantina,** refreshment-room
la **caña,** reed
la **capital,** capital (city)
capturar, to catch, to capture
¡**Caramba**! Good heavens!
¡**Caray**! Well, I never!
cariñoso, -a, affectionate
cargar, to load
la **carnicería,** butcher's shop
el **carnicero,** butcher
caro, -a, dear, expensive
la **carretera,** highroad
la **carretilla,** barrow
el **carro,** cart
el **cartel,** poster
la **cartera,** brief-case
la **casa,** house; firm
casado, -a, married
la **caseta,** bathing-hut
el **caso,** case, point; **hacer caso a,** to take notice of
la **castaña,** chestnut
las **castañuelas,** castanets
castellano, -a, Castilian
Castilla (*f.*), Castile
la **caza,** game (birds, etc.)
cazar, to hunt, to shoot
la **cebolla,** onion
celebrar, to celebrate
la **cena,** supper
cenar, to have supper; **cenar sopa,** to have soup for supper
el **cenit,** zenith
central, central
el **centro,** centre
el (la) **cerdo, -a,** pig
la **cereza,** cherry
el **cerezo,** cherry tree
cerrar (**ie**), to close; **cerrar con llave,** to lock

la **cerveza,** beer
cesar de (+*inf.*), to stop (+*verb*)
la **cesta,** basket
el **ciclismo,** cycling
el **ciclista,** cyclist
el **cielo,** sky
cierto, -a, certain, true
cinematográfico, -a, film (*adj.*)
la **cinta,** ribbon
el **circo,** circus
el **cisco,** charcoal, coal-dust
la **clase,** class, kind
el **clavel,** carnation
el **cliente,** customer, client
el **cobarde,** coward
el **cobrador,** conductor (of bus, etc.)
el **cobre,** copper
el (la) **cocinero, -a,** cook
el **coche,** car, carriage, coach; **el coche de línea,** long-distance coach; **el coche (-cito) (de niño),** pram; **coche restorán** dining-car
el **codo,** elbow; **hablar por los codos,** to talk non-stop
coger, to take, to pick; **cogido, -as, del brazo,** arm-in-arm
cojo, -a, lame
la **cola,** queue, tail; **hacer cola,** to queue
coleccionar, to collect
el **colmo,** height, limit
colorado, -a, rosy, red
el **comedero,** trough
los **comestibles,** groceries
la **comisaría,** police-station
el **comisario,** superintendent of police
¡Cómo! What! **¿Cómo que no?** Why not?
cómodo, -a, comfortable
la **compañía,** company
compartir, to share
el **compás,** time, rhythm
la **compra,** purchase; **hacer compras,** to shop
comprender, to understand (the idea)
el **concierto,** concert
concluir, to conclude
concurrido, -a, crowded
el **conde,** Count
conducir, to drive (car, etc.), to lead, to take
el **conductor,** driver
las **confecciones,** ready-made clothes
la **confitería,** confectioner's shop
el **confitero,** confectioner
conforme, as
el **conocido,** acquaintance
conque, and so, so
la **consecuencia,** consequence; **a consecuencia de,** as a result of
conseguir (i), to obtain; **conseguir** (+*inf.*), to succeed in
el **consejo,** advice
consentir (ie, i) en, to consent to
considerar, to consider
consistir en, to consist of or in
contemplar, to look upon
contener, to contain

construir, to build
contentarse con, to be satisfied to, to make do with
el **continente,** continent
contratar, to appoint
convencer, to convince
convenir, to suit
el **copo,** flake; **los copos de maíz tostado,** toasted corn flakes
el **coral,** coral
el **corcel,** charger
el **corral,** farm-yard
el **correo,** post; slow train
la **corrida (de toros),** bull-fight
corriente, ordinary, usual; **agua corriente,** running water
cortar, to cut
cortejar, to court
la **cortesía,** courtesy, politeness
cortésmente, politely
la **cosecha,** harvest
la **costa,** coast
la **costumbre,** custom; **como de costumbre,** as usual
crecer, to grow (*intransitive*)
creer, to think, to believe; **creer que sí (no),** to think so (not); **¡ya lo creo!** I should think so!
la **cría,** young (of animals)
la **cuadra,** stable
cuánto, -a, how much; **en cuanto a,** as for; **unos (-as) cuantos (-as),** a few
el **cuarto de estar,** sitting-room
la **cubierta,** deck
cubierto, -a (*from* **cubrir**), covered
el **cubo,** pail
cubrir, to cover
la **cuchillería,** cutlery
la **cuenta,** bill
la **cuerda,** string, rope; **la cuerda floja,** tightrope
el **cuero,** leather
la **cuesta,** hill, slope
el **cuidado,** care
cuidadosamente, carefully
cuidadoso, -a, careful
la **culpa,** blame
el **cultivador,** grower
cultivar, to grow (*transitive*), to cultivate
curar, to tend, to dress (a wound)
curioso, -a, inquisitive, interesting, quaint
el **curso,** course, year (at school); **el quinto curso,** fifth form

¡Chaf! Splash!
charlar, to chat
charlatán, -a, very talkative
¡Che! Goodness!
el **chiquillo** (*dim. of* **chico**), little boy
chispear, to sparkle, to spark
el **chopo,** black poplar
el **chorizo,** a type of sausage common in Spain
la **churrería,** *churro* shop
el **churrero,** maker (or seller) of *churros* (*see "Nos ponemos en camino," Lesson VIII*)

danés, -esa, Danish
dar a, to look out on (of doors and windows); **dar de comer a,** to feed; **dar las buenas noches a,** to say good-night to; **dar las doce,** to strike twelve; **dar la lata,** to be a nuisance; **dar vueltas,** to turn round; **darse cuenta de que,** to realise; **darse prisa,** to hurry
deber, to owe, to be obliged to; **deber de,** *shows supposition* (*see Lesson XIX, Grammar C*)
debidamente, duly, adequately
debido a, due to
decidido, -a, determined
decir, to say, to tell; **decir que sí (que no) con la cabeza,** to nod (to shake the head); **es decir,** that is to say
dedicarse a, to go in for
delante de, in front of; **por delante,** in front
delgado, -a, thin
los (las) **demás,** the rest
demasiado, -a, too much, too many
demasiado (*adv.*), too
el **demonio,** demon; **¡Qué demonios!** What on earth!
demostrar (ue), to prove, to demonstrate
denso, -a, thick, dense
dentro (de), inside, within (of time)
el **departamento,** compartment
derribar, to knock down, to cut down
desatar, to unfasten, to loose
el **desayuno,** breakfast
descansar, to rest
el **descanso,** rest, interval (at theatre, etc.)
desconocido, -a, strange
describir, to describe
la **descripción,** description
desde, since
desesperado, -a, desperate
desierto, -a, deserted, lonely
el **desfile,** procession
el **despacho,** office, study, ticket-office
la **despedida,** farewell, ending of letter
despedir (i), to see off, to dismiss; **despedirse de,** to say goodbye to
despertarse (ie), to wake up
el **detalle,** detail
detener(se), to stop
el **día,** day; **de día,** by day
el **diente,** tooth; **la pasta de dientes,** tooth-paste
diferente, different, various
Dinamarca (*f.*), Denmark
la **dirección,** direction, address (of letter)
directamente, straight
dirigir(se), to address, to make one's way
discutir. to discuss, to argue
el **disparate,** nonsense
dispersarse, to disperse
distinto, -a, different

la **distracción,** entertainment, amusement
distraído, -a, forgetful, absent-minded
divertido, -a, funny
el **domador,** trainer
dormir (**ue, u**), to sleep; **dormirse,** to go to sleep
el **dramaturgo,** dramatist
la **droguería,** shop for toilet articles
el **droguero,** proprietor of a *droguería*
la **ducha,** shower
dudar, to doubt, to hesitate
el (la) **dueño, -a,** owner, proprietor (proprietress)
el **duro,** five-peseta piece

echar, to throw, to pour, to add; **echar una carta al correo,** to post a letter; **echarse (a),** to begin; **echarse la siesta,** to have a nap
la **edad,** age
en efecto, indeed, in fact
el **ejercicio,** exercise
el **elefante,** elephant
elegante, elegant
elegir (**i**), to choose
elevarse, to rise
sin embargo, however
emocionante, exciting
el (la) **empleado, -a,** employee, assistant
empujar, to push
el **empujón,** push
el **enano,** dwarf
el **encanto,** charm, delight [ger
el **encargado,** foreman, mana-
encargarse de, to take charge of
encarnado, -a, crimson
encender (**ie**), to light
encima (**de**), over, on
encontrar (**ue**), to find, to meet; **encontrarse,** to be
enfadarse, to get angry
enfrente (de), opposite
entender (**ie**), to understand (meaning of words)
enterarse de, to find out about
la **entrada,** entrance, ticket (for theatre, etc.)
entregar, to hand over
entusiasmar, to thrill
el **entusiasmo,** enthusiasm
el (la) **entusiasta,** enthusiast
el **episodio,** incident
la **época,** time, season
el **equipaje,** luggage
la **equitación,** horsemanship
equivaler a, to be equivalent to
equivocado, -a, mistaken
escaparse, to escape
el **escaparate,** shop-window
la **escarcha,** frost
escocés, -esa, Scottish
Escocia (*f.*), Scotland
esconder(**se**), to hide (oneself)
el **escultor,** sculptor
la **esfera,** clock-face
el **esfuerzo,** effort
a eso de, at about (of time by clock)
la **espalda,** back; **de espaldas a,** back to
el **espanto,** fright, scare

especialmente, specially
el **espectador,** spectator, member of audience
esperar, to hope, to await
espléndido, -a, fine, splendid
la **esquina,** corner (outside); **volver la esquina,** to turn the corner
el **establo,** cow-shed
(los) **Estados Unidos,** United States
estallar, to break, to burst
el **estanco,** tobacconist's shop
el **estanque,** pond
el (la) **estanquero, -a,** tobacconist
estarse, to remain, to stay
la **estatua,** statue
estrechar, to press, to squeeze; **estrechar la mano a,** to shake hands with
estrecho, -a, narrow
la **estrella,** star
el **estudio,** studio, study
la **estufa,** fire (gas or electric)
estupendamente, marvellously
Europa (*f.*), Europe
europeo, -a, European
exasperado, -a, irritated
excelente, excellent
la **excursión,** excursion
el **éxito,** success; **tener éxito,** to be successful
la **explanada,** sea-front, promenade
el **expreso,** fairly fast train
extender(se) (ie), to spread, to stretch
el **extra,** extra
el (la) **extranjero, -a,** foreigner
extrañar, to surprise
extraño, -a, strange

la **fábrica,** factory
fácilmente, easily
facturar, to register (luggage)
el **falcón,** falcon
la **falda,** skirt, kilt
la **fama,** fame
el **farmacéutico,** chemist
la **farmacia,** chemist's shop
el **farol,** lamp
el **ferrocarril,** railway
la **fiambrera,** tin for carrying food
la **fiera,** wild beast
fijarse, to notice; **¡Fíjese** Just fancy!
la **fila,** row
en fin, in short
el **final,** end
la **firma,** signature
firmar, to sign
el **flan,** caramel cream (pudding)
el **flash,** flash (in photography)
flojo, -a, loose
el **fondo,** bottom; **al fondo,** in the background
la **foto,** photograph; **sacar una foto,** to take a photograph
francés, -esa, French
Francia (*f.*), France
fresco, -a, fresh, cool; cheeky
frito, -a, fried
frotar, to rub
la **frutería,** fruit shop
el (la) **frutero, -a,** fruiterer

el **fuego,** fire
la **fuente,** fountain, spring, brook
fuera, away, outside
fuerte, strong; large (of meals)
la **función,** performance
el **furgón,** luggage-van
el **fusil,** gun

la **gaita,** bagpipe
la **galera,** galley
Gales (**el país de**), Wales
galés, -esa, Welsh
la **galleta,** biscuit
la **gallina,** hen
el **gallinero,** hen-house; 'gods' at theatre
el **gallo,** cock
el **ganadero,** cowman
el **ganado,** herd, animals
las **ganas,** desire; **tener ganas de,** to want to
garrido, -a, graceful
el **gas,** gas
gastar, to spend; to wear; **gastar una broma,** to play a trick
el **gatito,** kitten
el (la) **gato, -a,** cat
la **geografía,** geography
el **geranio,** geranium
gesticular, to gesticulate
el **gigante,** giant
el (la) **gitano, -a,** gypsy
glacial, icy
el **golpe,** blow
gordo, -a, fat
la **gorra,** el **gorro,** cap
gracioso, -a, amusing, pleasing
(la) **Gran Bretaña,** Great Britain
la **granja,** farm
el **granizo,** hail
el **granjero,** farmer
Grecia, Greece
griego, -a, Greek
grueso, -a, fat, thick
el **gruñido,** grunt
gruñir, to grunt
gruñón, -ona, grumpy
el **grupo,** party, group
el **guante,** glove
guapísimo, -a, very pretty
guapo, -a, pretty
el **guarda,** keeper
el **guardia** (**civil**), policeman, civil guard
el **guía,** guide
el **guisante,** pea

el **haba** (*f.*), broad bean
el **habitante,** inhabitant
hablador, -ora, talkative
hacer, to make, to do; **hacer falta,** to be necessary (*see Lesson* XIV); **hacer la plancha,** to float; **hacer una plancha,** to 'drop a brick'; **hace dos días,** two days ago (*see Lesson* XV); **hacerse,** to become; **hacerse amigo de,** to make friends with
¡Hale! Go on! Well done!
la **harina,** flour
hasta, even until, as far as; **hasta que,** until
hecho, -a, ready-made
helar (**ie**), to freeze
el **héroe,** hero

el **hielo,** ice
la **hierba,** grass
la **historia,** story, history
Holanda, Holland
holandés, -esa, Dutch
el **hombro,** shoulder
el **hondo** (*old word*), bottom
el **honor,** honour
la **hora,** hour; **es la hora de que,** it is time to
la **horchata,** drink made from earth-nuts (*see Lesson I*)
el **humor,** humour, mood; **tener buen humor,** to be jolly
el **huerto,** orchard
el **hueso,** bone; **mojar hasta los huesos,** to drench to the skin
humilde, humble

el **idioma,** language
igual, same, similar; **es igual,** it doesn't matter
iluminar, to illuminate
imaginarse, to imagine
impaciente, impatient
el **impermeable,** raincoat, waterproof
importar, to matter
el **incendio,** fire (destroying house, etc.)
incluso, even
incómodo, -a, uncomfortable
increíble, incredible
inesperadamente, unexpectedly
infantil, childish
Inglaterra, England
inglés, -esa, English
inquietarse, to be worried
inquieto, -a, worried
insistir (en), to insist (on)
el **instante,** instant, moment
interesante, interesting
la **interrupción,** interruption
intervenir, to intervene
íntimo, -a, intimate
invitar a, to invite to
ir, to go; **ir bien,** to suit
Irlanda, Ireland
irlandés, -esa, Irish
Italia, Italy
italiano, -a, Italian

el **jabón,** soap
el **jaleo,** bustle, excitement
la **jarcia,** rigging
el **jardín,** garden
el **jardinero,** gardener
la **jaula,** cage
el **jefe,** leader, 'boss'; **el jefe de estación,** station-master; **el jefe de producción,** producer
la **judía,** French bean
la **juerga,** 'binge,' amusement; **de juerga,** on the 'binge
el **jugador,** player
la **juventud,** youth

el **kilómetro,** kilometre

el **labrador,** farmworker
el **lado,** side; **al lado de,** beside, next to; **por todos lados,** in all directions
el **ladrón,** thief
la **lágrima,** tear
lanzar, to throw
largo, -a, long; **a lo largo de,** along; **¡largo de aquí!** clear off!

la **lástima,** pity
lavar, to wash
la **leche,** milk
la **lechería,** dairy
la **lechuga,** lettuce
la **legumbre,** vegetable
lejos, far; **a lo lejos,** in the distance
el **león,** lion
la **leona,** lioness
el **letrero,** sign-board
levantar, to raise
la **librería,** bookshop
el (la) **librero, -a,** bookseller
ligero, -a, light
el **limón,** lemon
el **limonero,** lemon tree
limpiar, to clean
lindo, -a, pretty
liso, -a, smooth, straight (hair)
el **litro,** litre
loco, -a, mad
la **locomotora,** engine
Londres, London
lucirse, to show off
el **lugar,** place; **tener lugar,** to take place
la **luna,** moon
la **luz,** light

la **llave,** key
la **llegada,** arrival
llegar, to arrive; **llegar a ser,** to become
lleno, -a, full
llevar, to take; **llevarse,** to take away
llorar, to cry, to weep
llorón, -ona, weeping
lloroso, -a, tearful
la **lluvia,** rain

el **macizo,** flower-bed
la **madera,** wood
el (la) **madrileño, -a,** inhabitant of Madrid
el (la) **madrugador, -ora,** early riser
madrugador, -ora, fond of early rising
madrugar, to get up early
el **maíz,** maize; **copos de maíz tostado,** toasted corn flakes
el **maizal,** maize-field
la **maleta,** suit-case; **hacer la maleta,** to pack
mandar, to command, to send, to order
manso, -a, tame, gentle
la **manta,** blanket, rug
la **mantequilla,** butter
la **manzana,** apple
el **manzano,** apple tree
la **máquina,** engine; **la máquina de retratar,** camera
el **mar,** sea
la **marca,** kind, make
marcar, to set (hair)
la **marea,** tide
el **marido,** husband
el **marinero,** sailor
más . . . que nunca, more . . . than ever
el **mástil,** mast
mayor, older, larger; **el (la) mayor,** oldest, largest; **la persona mayor,** grown-up person, elderly person
la **mayoría,** majority
la **medicina,** medicine

medio, -a, half; **a medio camino,** halfway; **la media noche,** midnight
el **medio,** means, method
el **mediodía,** midday
mediterráneo, -a, Mediterranean
la **mejilla,** cheek
el **melocotón,** peach
el **melón,** melon
menor, younger, smaller; **el (la) menor,** the youngest, the smallest
menos, less, least; **menos mal,** fortunately
mentir (ie, i), to tell lies
a menudo, often
la **mercería,** haberdashery (store)
el **merendero,** outdoor café (*see Lesson XVIII*)
la **merienda del campo,** picnic
la **mermelada,** jam, marmalade
la **meseta,** plateau
el **mesón,** inn
el **metal,** metal
meter, to put (inside)
el **metro,** metre
el **minuto,** minute; **a los dos minutos,** two minutes later
la **mirada,** look; **echar una mirada,** to glance
mismo, -a, same; **él mismo,** (he) himself
la **moda,** fashion; **de moda,** fashionable
el **modelo,** model, style
moderno, -a, modern, up-to-date
el **modo,** means; **de modo que,** so that
mojar, to make wet, to dip
molestar, to trouble, to bother
molesto, -a, troublesome
el **momentito** (*dim. of* **momento**), half a minute
la **moneda,** coin
el **mono,** monkey
montar a caballo, to ride
el **monte,** hill
el **montón,** heap, pile
el **monumento,** historic building
el (la) **moro, -a,** Moor
el **mostrador,** counter (in shop)
la **motocicleta,** motor-cycle
moverse (ue), to sway, to move
el **mozo,** porter, youth; **el mozo de cuadra,** stable-boy
muchísimo, very much
el **muelle,** quay, mole
el **mugido,** moo
mugir, to moo, to low
la **mujer,** woman, wife
la **mula,** mule
el **mundo,** world; **todo el mundo,** everybody
murmurar, to whisper, to murmur
el **músico,** musician

el **nabo,** turnip
nacer, to be born
nacional, national
nada, nothing; **nada de eso,** nothing of the sort; **nada más,** only

nadar, to swim
la **naranja,** orange
el **naranjo,** orange tree
natural, natural
la **navaja,** razor, pen-knife
los **negocios,** business
nervioso, -a, embarrassed
ni, nor, neither; not even; **¡ni hablar!** not on your life!
la **nieve,** snow
la **Nochevieja,** New Year's Eve
Noruega, Norway
noruego, -a, Norwegian
la **nota,** mark (at school); **sacar notas,** to obtain marks
la **novedad,** novelty, new thing
el **novelista,** novelist
nuevo, -a, new; **de nuevo,** again
el **número,** number, size (in shoes, etc.)
numeroso, -a, numerous

el **objeto,** object
la **obra,** work (of art); **la obra de teatro,** play
el **obrero,** workman
observar, to remark
la **ocasión,** opportunity
ocurrir, to occur
ofenderse, to be offended
la **oficina,** office; (**la oficina de**) **Correos,** Post Office
oír, to hear
el **olivo,** olive tree
olvidar(**se de**)**,** to forget
la **onda,** wave (in hair, etc.)
ora (*old word*), now
la **orilla del mar,** seashore
el **oro,** gold
la **oscuridad,** darkness
el **oso,** bear

la **paciencia,** patience
el **padre,** father; **los padres,** parents
la **página,** page
el **país,** country
el **paisaje,** landscape
el **pájaro,** bird (small)
la **pala,** spade
el **palacio,** palace
el **palco,** box (at theatre, etc.)
la **paliza,** beating
la **panadería,** baker's shop
el (la) **panadero, -a,** baker
la **pantalla,** screen (at cinema); **el astro de la pantalla,** film star (male); **la estrella de la pantalla,** film star (female)
el **papel,** paper; part (in play, etc.); **hacer un papel,** to play a part
la **papelería,** stationer's shop
el (la) **papelero, -a,** stationer
el **par,** pair (of things)
la **parada,** stop, time of stopping
parado, -a, standing
el **paraguas,** umbrella
parar, to stop
parecer, to seem; **me parece que,** I think that; **me parece que sí,** I think so; **al parecer,** apparently
la **parra,** climbing vine
el **párrafo,** paragraph
la **parte,** part; **por ninguna parte,** nowhere

participar en, to take part in, to share in
partir, to set off; **a partir de,** from
pasar, to pass, to happen, to enter; **pasarlo bien,** to have a good time; **pasar (se) sin,** to do without
las **Pascuas de Reyes,** Epiphany
el **pastel,** cake
el **pastor(cito),** (little) shepherd
la **pata,** paw
patinar, to skate
el **pato,** duck
el **payaso,** clown
el **pedazo,** piece; **¡Pedazo de bruto!** Idiot!
pegar, to stick; to beat; **pegarse a uno las sábanas,** to stay late in bed; **pegarse fuego a,** to catch fire
el **peinado,** hair-style
el **peldaño,** step
pelearse, to fight
la **película,** film; **la película de dibujos animados,** cartoon
el **pelmazo,** nuisance, pest
el **pelo,** hair; **tomar el pelo a uno,** to pull someone's leg
la **peluca,** wig
la **peluquería,** hairdresser's
el (la) **peluquero, -a,** hairdresser
el **pendiente,** ear-ring
la **pensión,** boarding-house
el **peñasco,** crag
el **peñón,** rock
peor, worse
la **pera,** pear
el **peral,** pear tree
perder (ie), to lose
el **perdón,** pardon; **¡Perdón!** I beg your pardon
perfectamente, perfectly
el **perfume,** perfume
la **permanente,** permanent wave
el **permiso,** permission
permitir, to allow
persuasivo, -a, persuasive
pertenecer, to belong
pesado, -a, boring, heavy
a pesar de, in spite of
la **pesca,** fishing
la **pescadería,** fishmonger's shop
el (la) **pescadero, -a,** fishmonger
el **pescado,** fish (at table)
el **pescador,** fisherman
el **pez,** fish (in sea, etc.)
el **picaporte,** knocker; latch
el **pico,** a little
el **pimiento,** red or green pepper
el **pinar,** pine-wood
la **pineda,** pine-wood
pintar, to paint, to draw
pintoresco, -a, picturesque
el **piropo,** compliment
la **piscina,** swimming-pool
la **pista,** ground (for game) ring (at circus)
el **placer,** pleasure
el **planeta,** planet
plantado, -a, in the lurch
la **plata,** silver
la **playa,** beach

la **población,** town
la **pocilga,** pig-sty
el **policía,** policeman
la **policía,** police
el **pollito,** chick
poder, to be able; **no poder más,** to be worn out; **gritar a más no poder,** to shout at the top of one's voice
polvoriento, -a, dusty
poner una obra, to put on a play
ponerse en marcha, to move off
la **popa,** poop, stern
por, by, through, along; **por cierto,** certainly; **por lo menos,** at least; **por lo tanto,** therefore; **por si acaso,** just in case
el **porrón,** glass drinking vessel (*see Lesson XVI*)
el **portal,** entrance, main door
portarse, to behave
Portugal (*m.*), Portugal
portugués, -esa, Portuguese
posar, to perch
posterior, back
el **pozo,** well
precioso, -a, lovely
la **pregunta,** question; **hacer preguntas,** to ask questions
preocuparse, to trouble, to worry
los **preparativos,** preparations
presumir, to be proud of oneself, show off
el **principio,** beginning
la **prisa,** haste; **darse prisa,** to hurry; **tener prisa,** to be in a hurry; **de prisa,** quickly
probar (ue), to try, to taste; **probarse,** to try on
el **programa,** programme
prometer, to promise
propio, -a, own
el **protector,** guard
protestar, to protest
la **provincia,** province
próximo, -a, next
el **proyecto,** plan
la **prueba,** test, trial; **prueba de equitación,** horse trial
el **público,** audience
el **pueblo,** small town, village
puede ser (*from* **poder**), perhaps
el **puerto,** port
pues, well, as, since
el **puesto,** post
la **pulsera,** bracelet
puntualmente, punctually

¿Qué hay? What's the matter? **¿Qué tal?** How goes it?
quemar, to burn, to consume
quien, who, whom; **¡Quién hubiera!** (*for* **tuviera**), If only I had!
quieto, -a, quiet
quitar, to take away, to take off

el **ramo,** bunch (of flowers)
rápidamente, quickly
el **rápido,** express train

el **rato,** short time; **a ratos,** at intervals
el **rayo,** ray, flash of lightning
la **razón,** reason; **tener razón,** to be right
la **realidad,** reality
rebuznar, to bray
el **receptáculo,** receptacle
la **recogida,** gathering, picking
recordar (ue), to remember, to remind
el **rectángulo,** rectangle
el **recuerdo,** memory, souvenir, message in letter
la **red,** rack, net, network
referir (ie, i), to narrate, to refer
la **refinería,** refinery
el **refrán,** proverb
regalar, to delight, to entertain, to give
la **región,** region
reír(se), to laugh; **reírse de** to laugh at
el **relámpago,** lighting
el **remedio,** remedy; **no tener más remedio que,** to be unable to help
el **remitente,** sender
remitir, to send
remover (ue), to stir, to poke
reñir (i), to scold, to quarrel
repetir (i), to repeat
replicar, to retort
la **representación,** show
resbalar, to glide, to slip
reseñar, to review, to outline
la **reserva,** reservation
resignado, -a, resigned
resollar (ue), to snort, to puff
respecto a, regarding, about
respirar, to breathe
responder, to reply
la **respuesta,** reply
el **resto,** rest, remainder
resultar, to result, to prove to be
retratar, to portray
el **retrato,** portrait
retumbar, to jingle, to resound
reunirse, to assemble
el **revisor,** ticket-collector
rico, -a, good, rich
rizado, -a, curly
el **rizo,** curl
robar, to steal
rodar (ue), to film
la **rodilla,** knee
rogar (ue), to beg, to request
el **romance,** ballad
romper, to break
rondar, to serenade
la **rosa,** rose
roto, -a, broken
el **ruido,** noise
ruidoso, -a, noisy
Rusia, Russia
ruso, -a, Russian

la **sábana,** sheet
sacar, to take out; **sacar entradas, billetes,** to take tickets; **sacar notas,** to get marks (at school)
el **saco,** sack
sacrificarse, to sacrifice oneself
la **sal,** salt
la **sala de espera,** waiting-room

las **salinas,** salt-pans
saltar, to jump
el **salto,** jump, somersault
la **salud,** health
saludar, to greet
el **saludo,** greeting, message in letter
el **secador,** drier
secar, to dry
la **sección,** department
seco, -a, dry
la **seda,** silk
seguir, to follow; **seguir adelante,** to go on
el **segundo,** second
seguro, -a, sure
el **sello,** stamp
sembrar (ie), to sow
semejante, similar, such a
sencillo, -a, simple
el **sendero,** path
sensato, -a, sensible
sentir (ie, i), to feel, to be sorry
señalar, to point out
separar(se) de, to part from
el **sereno,** night-watchman
la **severidad,** severity
el **servicio,** service, attention
servir (i), to serve; **servirse,** to help oneself
la **sierra,** mountain-range
el **siglo,** century, age
siguiente, following; **al día siguiente,** on the following day
silbar, to whistle; to boo, to hiss
el **silbido,** whistle, hiss
sino, but
el **sitio,** place
el **sobre,** envelope
el **socorro,** help; **gritar pidiendo socorro,** to cry for help
el **sol,** sun; **tomar el sol,** to sunbathe
solamente, only
soler (ue), to be used to
solo, -a, alone
sollozar, to sob
el **sollozo,** sob
la **sombra,** shadow, shade
soñoliento, -a, sleepy
la **sopa,** soup; **sopa Juliana,** vegetable soup
soplar, to blow
soso, -a, dull, tasteless, 'feeble'
subir, to go up; **subir a,** to get into
submarino, -a, under-water
suceder, to happen
Suecia, Sweden
sueco, -a, Swedish
la **suela,** sole (of shoe)
el **sueño,** sleep; **tener sueño,** to be sleepy
la **suerte,** luck; **tener suerte,** to be lucky
sufrir, to suffer
Suiza, Switzerland
suizo, -a, Swiss
superior, upper
suponer, to suppose
supuesto, -a, supposed
suspirar, to sigh

la **tabla,** plank
el **taburete,** stool

tal, such; **como si tal cosa,** as if nothing had happened; **con tal que,** provided that
tan . . . como, as . . . as
tanto, -a, so much, so many; **tanto . . . como,** both . . . and
el **tapete,** table cover
la **taquilla,** booking-office, box-office
el (la) **taquillero, -a,** booking (box)-office clerk
tardar en (+*inf.*), to be a long time (doing something)
el **tarro,** jar
el **taxi,** taxi
el **té,** tea
el **teatro,** theatre
el **technicolor,** technicolor
la **tela,** material, cloth
el **telón,** curtain (theatre)
temblar (ie), to tremble; **temblar de frío,** to shiver
tender (ie), to stretch out; **tenderse,** to lie down
el **tendero,** shopkeeper, grocer
tendido, -a, lying down
tener gracia, to be funny; **tener razón,** to be right; **no tener más remedio que** (+*inf.*), to be unable to help (+*verb*)
el (la) **ternero, -a,** calf
terrible, terrible
la **tierra,** earth, land
tieso, -a, stiff, taut
el **tigre,** tiger
tinto, -a, red, dyed
típico, -a, typical
tirar, to draw, to pull; to throw; **tirarse,** to dive
la **tortada,** almond cake (*see Lesson IV*)
el **tocador,** dressing-table; **el artículo de tocador,** toilet article
el **toldo,** awning
tomar, to take; **tomar a broma,** to regard as a joke
la **tontería,** nonsense, silliness
tonto, -a, silly; **hacer el tonto,** to act the fool
la **tormenta,** storm
el **toro,** bull; **los toros,** bull-fight
la **tortilla,** omelette
el **torzal,** twisted cord
la **tos,** cough; **tos ferina,** whooping-cough
toser, to cough
tostar (ue), to toast
tradicional, traditional
tragar, to swallow
el **traje,** suit, dress, costume
la **tranquilidad,** quiet
tranquilamente, quietly
el **tranvía,** tram
trasladarse, to move, to go
tratar, to treat
travieso, -a, unruly, difficult; **más travieso que no sé que,** the world's worst terror
el **trayecto,** trip
tremendo, -a, terrific
el **tren,** train; **el tren de Madrid,** the train for Madrid

el **trigo,** wheat
la **trilla,** threshing
la **tristeza,** sadness
el **trolebús,** trolleybus
la **trompa,** trunk (of elephant)
el **trote,** trot
el **trueno,** thunder
el **turbante,** turban
el **turno,** turn

últimamente, recently
último, -a, last
los **ultramarinos,** groceries (from overseas); **la tienda de ultramarinos,** grocer's shop
únicamente, simply, only
la **universidad,** university
unos, -as, some, a few; **a unos 15 kilómetros,** about 15 km. away
útil, useful

la **vaca,** cow
vacío, -a, empty
el **vagón,** truck
el **valle,** valley
¡Vamos! Come along!
en vano, in vain
vasco, -a, Basque
¡Vaya! Well, I never!; **¡Vaya distraído!** How forgetful!
el (la) **vecino, -a,** neighbour
la **vela,** sail
la **velocidad,** speed; **a toda velocidad,** at full speed
venir, to come; **venir bien,** to be welcome, to be suitable
la **venta,** sale
la **ventanilla,** train-window
la **ventura,** good fortune
el **veraneante,** holiday-maker
veranear, to spend the summer holiday
el **veraneo,** summer holiday
de veras, really
la **verdad,** truth; **de verdad,** really, indeed
verdadero, -a, real
el **verdulero, -a,** greengrocer
el **veterinario,** veterinary surgeon
la **vez,** time; **a la vez,** at the same time; **cada vez más,** more and more; **por primera vez,** for the first time
el **viaducto,** viaduct
viajar, to travel
el **viaje,** journey
el **viajecito,** little trip
el (la) **viajero, -a,** traveller, passenger
la **vida,** life; **en mi vida,** never in my life
el **viento,** wind
vigilar, to watch
la **villa,** villa; town
la **visita,** visit; **salir de visita,** to go visiting
el **visitante,** visitor
la **vista,** view
volar (ue), to fly
volver, to return; **volver a** + *inf.*, *verb* + again; **volverse,** to turn round
la **voz,** voice; shout
la **vuelta,** walk, tour; **dar una vuelta,** to go for a stroll; **dar vueltas,** to revolve

ya que, as, since
el **yanqui,** Yankee

la **zanahoria,** carrot
la **zapatería,** shoe shop
el (la) **zapatero, -a,** shoe-merchant, cobbler
el **zapato,** shoe
el **zorro,** fox

ENGLISH-SPANISH VOCABULARY

able: to be able, poder
about, (*time*) eso de; **to talk about,** hablar de; acerca de; sobre
across, a través de
address, la dirección, las señas
aeroplane, el avión
afraid: to be afraid, tener miedo
after, después de
afternoon, la tarde
afterwards, después
again, otra vez; **to do again,** volver a hacer
ago, hace, hacía
to **agree,** consentir (ie, i)
already, ya
also, también
although, aunque
always, siempre
America, América, los Estados Unidos
American, americano
amusing, divertido
animal, el animal
to **annoy,** enfadar, exasperar; **to get annoyed,** enfadarse
another, otro, -a
to **answer,** contestar, responder
anyone, alguien; (*with* sin *or negative*) nadie
anything, algo; (*with* sin *or negative*) nada
apple tree, el manzano
to **approach,** acercarse a
apricot, el albaricoque
around, alrededor de
to **arrive,** llegar
as, como; **as . . as,** tan . . . como
to **ask,** preguntar; **to ask for,** pedir; **to ask** (*someone to do something*), rogar (ue) +*subj.*
August, agosto
aunt, la tía; **to my aunt's,** a casa de mi tía
away: to go away, irse, marcharse

back, *see* **to go back**
bad, malo
bag, la bolsa
bank, la orilla, la ribera
bare, desnudo
to **bark,** ladrar
to **bathe,** bañarse
bathing-costume, el traje de baño
beach, la playa
bear, el oso
to **bear,** aguantar, soportar
beautiful, hermoso, bello
because, porque; **because of,** a causa de
bed, la cama; (*river*) el cauce; **to go to bed,** acostarse (ue)

before, antes (de); antes (de) que; delante de
to **begin,** empezar (ie), ponerse a
to **believe,** creer
best, mejor
between, entre
big, grande (gran)
bill, la cuenta
biscuit, la galleta
black, negro
blue, azul
book, el libro
to **book,** reservar
bored: to be bored, aburrirse
boy, el muchacho, el niño, el chico
brave, valiente
to **bray,** rebuznar
bread, el pan
to **break,** romper (*p.p.* roto); (*storm*) estallar
breakfast, el desayuno; **to have breakfast,** desayunar
to **bring,** traer
building, el edificio
bus, el autobús
busy, (*people*) ocupado; (*street,* etc.) concurrido
but, pero; sino
to **buy,** comprar
by, por

cage, la jaula
called, llamado
can, poder; saber
car, el coche, el auto
care, el cuidado
careful, cuidadoso
Castile, Castilla
Castilian, castellano
cat, el gato
central, central
century, el siglo
chair, la silla
to **change,** cambiar
change, el cambio, la vuelta
Charles, Carlos
to **chatter,** charlar
chicken, el pollito
children, los niños
Christmas, Navidad
church, la iglesia
cigarette, el cigarrillo, el pitillo
circus, el circo
city, la ciudad
clean, limpio
to **clean,** limpiar
clear, (*road*) libre
to **close,** cerrar(se) (ie)
cloud, la nube
coast, la costa
coat, el abrigo
coffee, el café
cold, frío
to **come,** venir; **to come in,** pasar; **to come upstairs,** subir; **to come out of,** salir de
comfortable, cómodo; confortable
concert, el concierto
conductor, el cobrador
to **consider,** considerar
to **cost,** costar (ue)
country-people, los campesinos
of course, desde luego, por supuesto, claro
to **cover,** cubrir (*p.p.* cubierto)
to **cross,** cruzar, atravesar (ie)

crowded, concurrido
crumb, la miga
to **cry,** (*shout*) gritar; (*weep*) llorar
to **cut,** cortar; **to cut down,** cortar

dark, (*people*) moreno; obscuro
day, el día
delighted, encantado
desk, el pupitre
different, distinto, diferente
dining-car, el coche restorán
dirty, sucio
disagreeable, desagradable, antipático
distance, la distancia; **in the distance,** a lo lejos
to **disturb,** molestar, estorbar
to **dive,** tirarse al agua
to **do,** hacer
doctor, el médico
dog, el perro
donkey, el burro, el asno
door, la puerta, (*car*) la portezuela
to **doubt,** dudar
downstairs, abajo; **to go or come downstairs,** bajar (la escalera)
to **drink,** beber
to **drive,** conducir
driver, el chófer, el conductor
dry, seco
during, durante

early, temprano
earth, la tierra
east, el este
to **eat,** comer
Edward, Eduardo
either, o; **not . . . either,** tampoco
eldest, el mayor, el más viejo
Elizabeth, Isabel
engine, (*railway*) la locomotora; (*car*) el motor
English, inglés
to **enjoy oneself,** divertirse (ie, i)
enough, bastante
even, hasta, aun; **even though,** aunque +*subj.*
evening, la tarde; (*after dark*) la noche
every, todo, todos los, cada
everyone, todo el mundo
everything, todo
everywhere, en todas partes
exactly, exactamente
examination, el examen
to **exclaim,** exclamar
eye, el ojo

family, la familia
far, lejos; **as far as,** hasta; **far away,** a lo lejos; **from far away,** desde lejos
farm, la granja
farmer, el granjero
farm-labourer, el labrador
farmyard, el corral
fast, rápidamente
father, el padre
to **feed,** dar de comer a
to **feel,** sentir (ie, i)
to **fetch,** ir a buscar, venir a buscar
few, pocos
field, el campo
to **find,** encontrar (ue), hallar
fine, (*weather*) bueno

to **finish,** acabar, terminar
fire, el fuego; **to set fire to,** pegar fuego a
first, primero; **the first time,** la primera vez
flash, *see* **lightning**
floor, el piso
flower, la flor
to **follow,** seguir (i)
food, la comida
foot, el pie
for, para; por; desde; durante
foreigner, el extranjero
to **forget,** olvidar, olvidarse de
fortnight, quince días
fountain-pen, la pluma estilográfica
free, libre
French, francés
friend, el amigo, la amiga
from, desde
front: in front of, delante de

garage, el garaje
garden, el jardín, el huerto
generally, generalmente
German, alemán
to **get,** ponerse; **to get off,** bajar; **to get up,** levantarse; **to get home,** volver a casa, regresar; **to get in,** subir; (*arrive*) llegar; **to get up early,** madrugar
girl, muchacha, niña, chica
to **give,** dar
glad, contento
gloves, los guantes
to **go,** ir; **to go away,** irse, marcharse; **to go on,** seguir (i); **to go out,** salir; **to go up(stairs),** subir; **to go back,** volver (ue), regresar; **to go for a walk,** dar un paseo; **to go into,** entrar en; **to go on one's way,** seguir su camino; **to go through,** cruzar, atravesar (ie)
goat, la cabra
goat-herd, el cabrero
good, bueno
goodbye, adiós, hasta luego, etc.
Good Heavens! ¡Caramba!
good-night, buenas noches
grandfather, el abuelo
grandmother, la abuela
grass, la hierba
great, grande (gran)
green, verde
grey, gris
grocer, tendero (*no Spanish equivalent*)
grocer's shop, tienda de comestibles, de ultramarinos
to **grow,** crecer
to **grunt,** gruñir

hair, el pelo
handbag, el bolso
happy, feliz, contento
hard, duro; (*work*) mucho
harvest, la cosecha
to **have,** tener; haber; (*meal*) tomar; **to have just,** acabar de; **to have to,** tener que, deber
to **hear,** oír
to **help,** ayudar
hen, la gallina
here, aquí
hers, el suyo, etc.

high, alto
hill, la colina
his, el suyo, etc.
holiday, las vacaciones
holiday-maker, el veraneante
home, a casa; **at home,** en casa
homework, los deberes
horrible, horrible
horse, el caballo
hot, caliente; **to be hot,** (*weather*) hacer calor; (*people*) tener calor; (*things*) estar caliente
hotel, el hotel
hour, la hora
house, la casa
how, como
hungry: to be hungry, tener hambre
to **hurry,** apresurarse, darse prisa; **to be in a hurry,** tener prisa
husband, el marido, el esposo

if, si
to **imagine,** imaginarse
immense, inmenso
in, en
incredible, increíble
instead of, en vez de
intelligent, inteligente
to **invite,** invitar
irritated, exasperado

journey, el viaje
just: to have just, acabar de

key, la llave
kilometre, el kilómetro
kind, amable, bondadoso
king, el rey
kitchen, la cocina
to **know,** saber; conocer

lady, la señora,
large, grande (gran)
last, último; **at last,** por fin
late, tarde
to **laugh (at),** reírse (de)
lazy, perezoso
leaf, la hoja
to **learn,** aprender
to **leave,** dejar, salir de, partir
lemonade, la gaseosa
to **let,** dejar
letter, la carta
lie, la mentira; **to tell lies,** mentir (ie, i)
to **lie down,** acostarse (ue), tenderse (ie)
life, la vida
lightning, el relámpago
to **like,** *use* gustar; (*person*) querer
lion, el león
lioness, la leona
little, pequeño; poco
to **live,** vivir
to **load,** cargar
long, largo; **no longer,** no ... más; **as long as,** mientras
to **look,** mirar; (*seem*) parecer; **to look at,** mirar; **to look for,** buscar; **to look out of,** asomarse a, mirar por
lorry, el camión
a lot, mucho
loud, fuerte, ruidoso
Louis, Luis
luggage, el equipaje

lunch, el almuerzo, la comida; **to have lunch,** almorzar (ue), comer

man, el hombre
many, muchos
market, el mercado
marvellous, maravilloso
Mary, María
may, poder
meal, *use* comer
Mediterranean, el Mediterráneo
to **meet,** encontrar (ue)
mile, la milla
mine, el mío, etc.
minute, el minuto
mole, el muelle
moment, el momento
Monday, el lunes
money, el dinero
monotonous, monótono
month, el mes
moon, la luna
more, más; **no more,** ya no, no . . . más
morning, la mañana
most, más; muy; la mayoría
mother, la madre
motor-coach, el coche de línea
mountain, la montaña, el monte
mountain-range, la cordillera, la sierra
much, mucho; **very much,** muchísimo; **so much,** tanto
mummy, mamá
must, tener que, deber

name, el nombre; **What is his name?** ¿Cómo se llama?
near, cerca (de); **nearby,** al lado, muy cerca
necessary, necesario; **to be necessary,** hacer falta
to **need,** necesitar
never, nunca, jamás
nevertheless, sin embargo
new, nuevo
New Year's Eve, la Nochevieja
newspaper, el periódico
next, luego; (*adj.*) siguiente, próximo
night, la noche
no, no; ninguno (ningún)
noise, el ruido
noisy, ruidoso
nonsense, el disparate; **to talk nonsense,** decir disparates
nor, ni
nothing, nada
to **notice,** notar; **to take notice of,** hacer caso a
now, ahora
nowadays, hoy día

obedient, obediente
offer, ofrecer (*like* conocer)
often, muchas veces, a menudo; **too often,** demasiado
old, viejo
older, mayor, más viejo
olive, la aceituna; **olive tree,** el olivo; **olive grove,** el olivar, el huerto de olivos
once, una vez; **at once,** en seguida

one, uno; **the one,** el, la
open, abierto
to **open,** abrir
opinion, la opinión
orange, la naranja
to **order,** mandar
order, el orden; **in order to,** para; **in order that,** para que +*subj.*
other, otro
ought, *conditional of* deber
ox, el buey

pace, el paso
packet, el paquete
page, la página
pair, el par
paper, el papel
parents, los padres
part, la parte
to **pass,** pasar; (*exam.*) aprobar (ue)
path, el sendero
to **pay,** pagar
peach, el melocotón
pencil, el lápiz
people, la gente
photograph, la fotografía
piano, el piano
picture, el cuadro; la película; **pictures,** el cine
pig, el cerdo
pity, la pena, la lástima
place, el sitio
plain, la llanura
plateau, la meseta
to **play,** jugar (ue)
please, por favor; tenga la bondad de, haga el favor de, sírvase . . .
pleased, contento
plenty, mucho; de sobra
poor, pobre
poplar, el chopo, el álamo
port, el puerto
potato, la patata
to **prefer,** preferir (ie, i)
pretty, bonito, guapo
prize, el premio
to **prove,** demostrar (ue)
to **put,** poner; **to put on,** vestir, ponerse; **to put out,** apagar

quickly, rápidamente
quiet, quieto, tranquilo, silencioso; **to be quiet,** callar
quite, muy, por completo

radio, la radio
rain, la lluvia
to **rain,** llover (ue)
to **reach,** llegar a, alcanzar
to **read,** leer
ready, listo
really, realmente, verdaderamente
red, colorado, rojo
refreshment-stall, el bar
to **remember,** acordarse (ue) de, recordar (ue)
to **rent,** alquilar
to **repeat,** repetir (i)
to **reply,** contestar, responder
to **rest,** descansar
restaurant, el restaurante
to **return,** volver (ue), regresar
rich, rico
to **ride,** montar
right, derecho; **on the right,** a la derecha; **to be right,** tener razón
river, el río

road, la carretera, el camino
rock, la roca
room, la habitación, la sala, el sitio
ruby, el rubí
to **run,** correr; **to run downstairs,** bajar (la escalera) corrriendo

sad, triste
saint, el santo, San
sand, la arena
satchel, la cartera
Saturday, el sábado
to **say,** decir
scarcely, apenas
school, la escuela, el instituto, el colegio
sea, el mar
seat, el asiento
to **see,** ver (*p.p.* visto)
to **seek,** buscar
to **seem,** parecer (*like* conocer)
to **sell,** vender
to **send,** enviar
serious, grave
to **serve,** servir (i)
to **set off,** salir, partir; **to set on fire,** pegar fuego a
shade, la sombra
sheep, la oveja
shepherd, el pastor
shoe, el zapato
shop, la tienda
to **shout,** gritar
to **show,** enseñar
to **shut,** cerrar (ie)
silent, silencioso; **to be silent,** callar
since, pues, puesto que; porque; desde
to **sing,** cantar
sister, la hermana
to **sit down,** sentarse (ie)
sky, el cielo
to **sleep,** dormir (ue, u); **go to sleep,** dormirse
slowly, despacio, lentamente
small, pequeño
snow, la nieve
to **snow,** nevar (ie)
so, tan; así; **so that,** así que, de modo que, para que; **so as to,** para
sofa, el sofá
sole, la suela
some, unos, alguno(s)
something, algo
sometimes, a veces, algunas veces
son, el hijo
soon, pronto; **as soon as,** en cuanto; **no sooner than,** apenas
sorry: to be sorry, sentir (ie, i)
Spain, España
Spanish, español
to **speak,** hablar
to **spend,** (*money*) gastar; (*time*) pasar
to **spread,** extender(se) (ie)
spring, la primavera
square, la plaza
stable, la cuadra
stairs, la escalera
to **start,** empezar (ie), ponerse a; **to start out,** salir, ponerse en camino, ponerse en marcha
station, la estación
to **stay,** quedar(se)

still, todavía, aún
stool, el taburete
stop, la parada
to **stop,** parar, detener(se)
storm, la tormenta
story, la historia
strange, raro
straw, la paja
stream, el arroyo, el riachuelo
street, la calle
stupid, tonto, estúpido
to **succeed,** conseguir (i)
such, tal, semejante; **such as**, tal como
suddenly, de pronto, de repente
suit, el traje
summer, el verano
sun, el sol
Sunday, el domingo
supposing, si + *imperf. subj.*
surprise, la sorpresa
to **surprise**, (*usually impersonal*) extrañar
to **surround,** rodear
sweets, los caramelos

to **take,** tomar; llevar; (*photograph*) sacar; **to take out,** sacar
to **talk,** hablar
tall, alto, grande
taxi, el taxi
teeth, los dientes
telephone, el teléfono
to **tell,** decir
terrace, la terraza
terrible, terrible
than, que
thank you, gracias
that, ese, aquel; eso, aquello
theatre, el teatro
then, (*next*) luego; (*in that case*) pues, entonces; (*at that time*) entonces
there, allí; **there is,** hay
thick, grueso
thing, la cosa
to **think,** pensar (ie), creer
this, este; esto
through, por
thunder, el trueno
ticket, (*train, bus*) el billete; (*theatre,* etc.) la entrada
tiger, el tigre
time, el tiempo; la hora; la vez; **from time to time,** de vez en cuando
tip, la propina
tired, cansado
to **toast (oneself),** tostarse (ue)
today, hoy
together, juntos
tomorrow, mañana
too, (*also*) también; (*too much*) demasiado
top, lo alto
to **touch,** tocar
town, la ciudad
train, el tren
travel, el viaje, los viajes
to **travel,** viajar
tree, el árbol
to **turn round,** volverse (ue)

uncle, el tío
under, bajo
to **understand,** comprender; entender(ie)
unless, a menos que + *subj.*
until, hasta; hasta que

upstairs, arriba; **to go or come upstairs,** subir (la escalera)
to **use,** usar, servirse (i) de
usually, generalmente

very, muy
village, el pueblo, la aldea
to **visit,** visitar, ir a ver

to **wait,** esperar
waiter, el camarero
to **wake up,** despertar(se) (ie)
walk, un paseo
to **walk,** ir a pie, andar, ir andando
to **want,** querer, desear
to **wash,** lavar(se)
watch, el reloj
to **watch,** mirar
water, el agua (*f.*)
way, el camino; el medio
to **wear,** vestir(i), gastar
weather, el tiempo
week, la semana
well, bien; pues (bien)
west, el oeste
what, lo que
what? ¿qué?
wheat, el trigo
when, cuando
where, donde
whether, que, si
which, que; el que, el cual
which? ¿qué? ¿cuál?
while, mientras (que)
a while, un rato
whistle, el silbido
to **whistle,** silbar
white, blanco
who, quien
whole, todo
why, por qué
wife, la mujer, la esposa
window, la ventana; (*car, train*) la ventanilla
winter, el invierno
to **wish,** querer
with, con
without, sin; sin que
woman, la mujer
to **wonder,** preguntarse
word, la palabra
work, el trabajo
to **work,** trabajar
worse, peor
worth: to be worth, valer; **to be worth the trouble,** valer la pena
wrong: to be wrong, no tener razón, equivocarse, estar equivocado
to **write,** escribir (*p.p.* escrito)

yard, el metro, el paso; el corral, el patio
yesterday, ayer
yet, todavía, aún
young, joven
younger, menor, más joven
your, su, tu, vuestro
yours, el suyo, el tuyo, el vuestro

zoo, el jardín zoológico